Renate Bergmann, geb. Strelemann, 82, lebt in Berlin-Spandau. Sie war Trümmerfrau, Reichsbahnerin und hat vier Ehemänner überlebt. Renate Bergmann ist Haushalts-Profi und Online-Omi. Ihre riesige Fangemeinde freut sich täglich über ihre Tweets und Lebensweisheiten im »Interweb« – und über jedes neue Buch.

Torsten Rohde, Jahrgang 1974, hat in Brandenburg/Havel Betriebswirtschaft studiert und als Controller gearbeitet. Sein Twitter-Account @RenateBergmann entwickelte sich zum Internet-Phänomen. Es folgten mehrere Bestseller unter dem Pseudonym Renate Bergmann.

Renate Bergmann

Fertig ist die Laube

Die Online-Omi gärtnert

Ullstein

Besuchen Sie uns im Internet:
www.ullstein.de

Originalausgabe im Ullstein Taschenbuch
1. Auflage April 2021
© Ullstein Buchverlage GmbH, Berlin 2021
Umschlaggestaltung: zero-media.net, München
Titelabbildung: © Rudi Hurzlmeier
Satz: Pinkuin Satz und Datentechnik, Berlin
Gesetzt aus der Amasis
Druck und Bindearbeiten: CPI books GmbH, Leck
ISBN 978-3-548-06298-3

Guten Tag, hier schreibt Renate Bergmann.

Ach, die Zeit rennt, und sie rennt umso schneller, je älter man wird. Ehe man sichs versieht, blühen schon wieder die Kirschbäume, und es gibt frischen Kohlrabi im Garten.

Letztes Frühjahr sind meine Freundin Gertrud und ich unter die Laubenpieper gegangen. Nicht ganz freiwillig zunächst, aber es wurden dann wunderschöne Wochen. Der Gunter Herbst, was der Lebensgefährte von Gertrud ist, der musste nämlich unters Messer. Sie wissen ja, wie das ist in unserem Alter – wenn man über achtzig ist und die Doktors einen erst mal auf dem Kieker haben, wollen se einem auch ganz schnell Ersatzteile einsetzen. Bei Gunter war es die Bandscheibe, anders als bei mir seinerzeit, wo die Hüfte gemacht werden musste. Er war nicht verunfallt, sondern es knarzte und schrappte so schlimm, dass sich die Amseln schon beim Brüten gestört fühlten, als Gunter seinen Garten umgegraben hat. Er selbst hört das ja nicht, der Mann ist links taub und rechts … na ja. Man muss schon regelrecht brüllen, wenn was Wichtiges ist. Aber die Schmerzen hat er gespürt. Da konnte dann nicht länger gewartet werden, auch wenn die Gartenzeit dran war.

Gunter hat eine Parzelle in der Laubenkolonie »Abendfrieden«, schön ruhig gelegen, ein paar Stationen mit dem Bus raus. Und da ihm seine Äpfel und Tomaten so sehr am Herzen liegen, haben Gertrud und ich die Sache übernommen und das Gärtchen gehegt. Wir sind also hin mit Rosenschere und Gummistiefeln. Anfangs dachte ich, wir gehen zwei-, dreimal gießen, aber wissen Se, wenn man sich richtig kümmern und den Garten in Schuss bringen will, ist das ja nebenbei gar nicht zu machen. So ein Garten ist niemals fertig! Wenn Se hinten durch sind mit Hacken, sprießt das Unkraut vorne schon wieder nach. Wenn nichts wächst – der Dreck, der wächst! Und unter uns: Wirklich im Griff hatte Gunter sein Stückchen »Abendfrieden« auch nicht. Es war verwildert, überall lag Schrott rum, und das wenige, was er gepflanzt hatte, war Gemüse. Ich bitte Sie! Ein paar Dahlien, Astern und Gladiolen gehören doch auch in den Garten. Das Auge gießt schließlich mit, und meinen Se, wir hätten mit Gunters Parzelle den zweiten Platz bei der Wahl zum schönsten Garten der Kolonie gemacht, wenn die Wicken nicht so wunderbar geblüht hätten? Ich glaube kaum!

Für den ersten Platz hat es nicht gereicht, wissen Se, die olle Schlehdorn von Parzelle sechs hat uns einen Ärger eingebrockt, der noch lange nachschwang. So hübsch die Topfpflanze auch war, die sie rübergebracht hat, wir hätten sie nie im Leben ins Gewächshaus stellen dürfen. Wegen Hanfanbau hatten wir das Ordnungsamt da, denken Se sich das nur! Da bleibt natürlich was hängen. Aber ein zweiter Platz ist auch schön.

Wir hatten auch viel Hilfe von Ilse und Kurt, die uns mit Rat, Tat und so manchem Setzling zur Seite standen. Gläsers haben ja selber einen großen Bauerngarten hinterm Haus, in dem sie Gemüse, Obst und Blumen ziehen. Die wissen genau Bescheid, auch mit Blattläusen und Brennnesseljauche. Ein herrlicher Sommer war das.

Davon möchte ich Ihnen gern berichten und wünsche eine gute Unterhaltung und viel Freude.

Ihre Renate Bergmann,
geb. Strelemann

Gertrud sah ganz bedröppelt aus.

Wissen Se, ich kenne meine Freundin eigentlich nur gut gelaunt. Gertrud ist keine, die zum Trübsinn neigt. Sie ist eine Frohnatur, und wenn sie wirklich mal was bedrückt, löst sie das Problem mit einem Stückchen Kuchen, oder sie macht sich eine Stulle. Selbst als es bei ihr gebrannt hat damals und die Feuerwehrleute sie durch das Treppenhaus runtergetragen haben, hatte sie dabei einen Kuchenteller in der Hand und verteilte Streuselschnecken an die Männer.

Es passte gar nicht zu ihr, dass sie so schweigsam und gedankenverloren bei mir am Küchentisch saß. Ich hörte das schon an der Türklingel, dass da was nicht stimmt. Kennen Se das? Wenn man Besuch erwartet, tönt die Türglocke anders, als wenn es überraschend läutet. Auch beim Telefon. Wenn meine Tochter Kirsten anruft, höre ich das sofort. Das liegt aber daran, dass Stefan, was mein Neffe und Computerzeuchs-Experte ist, mir das so eingestellt hat, dass dann immer eine besondere Melodie kommt. Wenn Kirsten anruft, ertönt immer »Ich hab ein KNALL…rotes Gummiboot«. Ein ganz Frecher ist das, der Stefan, hihi!

Nach so vielen Jahrzehnten enger Freundschaft kenne ich Gertrud nun gut genug, sodass ich mir sicher war, nicht lange nachbohren zu müssen. Ich legte ihr nur kurz die Hand auf die Schulter und nickte ihr ermunternd zu, da brach sie schon ihr Schweigen.

»Renate, Gunter geht es nicht gut«, sprach sie mit viel Drama in der Stimme. Gertrud übertreibt gerne, insbesondere, wenn es um Krankheiten geht. Sie feiert seit über zwanzig Jahren schon ihren wahrscheinlich letzten Geburtstag und legt sich bei jedem Schnupfen ins Bett, um zu sterben. Meist springt sie dann alle paar Minuten wieder auf, um ihre »Dinge zu ordnen«, und sucht im Nachthemd – und ohne Strümpfe! – nach dem Testament oder nach den Versicherungsunterlagen. Diesen Kram findet sie dann nicht, aber stattdessen andere Sachen, die seit Langem verschollen schienen. Das Sahnekännchen zum geblümten Service zum Beispiel, das Ostern wie vom Erdboden verschluckt war. Gertrud hat dieses Service von ihrer Oma geerbt und hält es in Ehren, aber das Kännchen war weg. Na, wir haben herzlich gelacht, wissen Se, an Ostern ist schnell ein kleiner Spaß gemacht, wenn es ums Suchen geht. Erst auf der Pirsch nach der Police für die Sterbeversicherung fand Gertrud das Sahnekännchen wieder, und zwar zwischen den Teelichtern hinter dem Besteckkasten. Warum sie da ihre Dokumente suchte, ist mir zwar auch unerklärlich, aber es brachte sie wenigstens vom Leiden ab. Als die Doktorn, die sie auf Hausbesuch bestellt hatte – schließlich war sie ja ein Notfall, mit dem es mutmaßlich zu Ende ging –, bimmelte, machte sie der die Tür mit einer Leberwurststulle in der Hand auf. Das hatten wir schon ein paarmal, da darf man nichts drauf geben. Sie hat eben einfach einen Hang zum Übertreiben.

Je dramatischer Gertrud tut, desto harmloser löst sich das vermeintliche Unglück meist auf. Deshalb machte ich mir keine großen Sorgen. Es geht aber auch nicht, dass man sie nicht ernst nimmt. Sie braucht ein bisschen Bestätigung in ihrer Jammerei. Nach kurzer Zeit merkt sie meist von allein, dass es Quatsch ist.

So war es auch dieses Mal.

Ich legte ihr also bekräftigend die Hand auf die Schulter und nickte ihr zu, und das reichte schon.

»Gunter muss unters Messer! Es ist die Bandscheibe!«, sprudelte es aus ihr heraus.

Gertrud schluchzte noch zwei-, dreimal bühnenreif, und dann schob sie hinterher: »Renate, apropos Messer – hast du eine Stulle da?«

Große Güte, ja! Die Bandscheibe! Wissen Se, Gunter ist vierundachtzig Jahre alt, da muss man von einem Segen sprechen, dass es nichts Schlimmeres ist als das. Das haben doch heute so viele Leute, gerade auch jüngere, und das wird geradezu am Fließband operiert. Da muss man sich nun wirklich keine Sorgen machen. Ich schmierte Gertrud erst mal eine Tröste-Schnitte und überlegte, wie ich ihr wohl die Sorgen nehmen könnte.

»Eine mit Leberwurst und eine mit Käse, ja, Renate?«, rief sie mir bereits wieder Regieanweisungen zu. Leberwurst kaufe ich nicht, deshalb legte ich ihr Kochschinken auf die Stulle. Sie kennen bestimmt den Spruch »Im Lotto und in der Leberwurst ist alles drin«, oder? Leberwurst kommt mir nicht ins Haus, es sei denn, hausgeschlachtete von Leuten, die ich kenne. Gertruds

Stimme klang schon kräftiger, und nach dem stärkenden Bütterken, das ich nur mit dünn Margarine bestrich (Gertrud muss wirklich ein bisschen auf die Schollera-Werte achten!), besprachen wir die Lage in aller Ruhe.

Ich muss wohl erst noch zwei Worte zu Gunter Herbst sagen, damit Se verstehen, wer das ist und warum Gertrud sich so aufopfernd sorgt und kümmert. Also, passen Se auf:

Gunter ist nicht der Mann von Gertrud. Gertrud ist verwitwet, ihr Gustav ist vor gut zehn Jahren entschlafen. Eine Kostverächterin in Sachen Männer war Gertrud nie, und sie hat auch nicht gewartet, bis die mit der Emanzipation so weit durch waren, dass Frauen nicht nur geheiratet wurden, sondern sich selbst nahmen, was und wen sie wollten. Gertrud hat das schon immer gemacht, bis heute ins – ach Gott, jetzt, wo wir zweiundachtzig sind, muss ich wohl »hohe« Alter sagen! Sie war nie ein Springinsbett, also kein loses Weibsbild. Da dürfen Se mich nicht falsch verstehen. Aber ein bisschen rumpoussieren mit Männern, sich auf Kaffee und Torte einladen lassen und einen Spaziergang machen – für so was war sie schon immer zu haben. Gertrud hat nie gewartet, dass der Maître de Plaisir »Damenwahl« rief. Sie hat einfach den zum Tanzen aufgefordert, der ihr gefiel, und das macht sie bis heute so. Während Wilma Kuckert beim Seniorentanz immer noch schüchtern in der Ecke sitzt und darauf wartet, dass sie nun offiziell den Oskar Tanne auffordern darf, hat Gertrud schon längst ihre zweite Runde mit dem geschwoft. Einmal war der gute Oskar danach ganz durch den Wind, weil Gertrud nicht nur geführt, sondern seine Hand an ihr Mieder gedrückt hatte. Oskar brauchte einen Schnaps und gab Wilma einen Korb, weil das für diesen Nachmittag genug Weiblichkeit für ihn gewesen war.

Gertrud lässt sich ständig zum Kaffee einladen und bezahlt nie selbst. Die scharwenzelt mit ihrem Hund durch Spandau, und wenn sie einen älteren Herrn erspäht, der nach Geld aussieht, markiert sie einen Wadenkrampf und lässt sich auf offener Straße von dem Galan massieren. Wenn sie den Herrn erst mal am Fuß hat, ist es ihr ein Leichtes, ihn zum Kaffee in die Bäckerei zu überreden. Sie gibt dann die Dame von Welt und bestellt Schwarzwälder Kirsch mit Likör dazu und gleich ein ganzes Kännchen Kaffee – obwohl drinnen auch Tassen ausgeschenkt werden! –, und wenn es ans Bezahlen geht, wühlt sie zum Schein in ihrer Tasche nach dem Portjuchhe, bis der Herr dann aus Anstand murmelt: »Aber bitte, Frau Potter, lassen Sie mich das doch übernehmen!« Das macht die zwei-, dreimal die Woche. Gertrud amüsiert sich gern und genießt die Gesellschaft von Männern, aber ihr Herz gehört dem Gunter.

Warum, versteht kein Mensch, denn Gunter ist nun alles andere als das, was man eine gute Partie nennen würde. Er hört so schwer, dass man ihn schon fast taub nennen muss. Da er selber nichts versteht, sieht er auch gar nicht ein, dass er was sagen sollte, und stößt meist nur kurze, dahingehustete Worte aus. Gunter ist kräftig gebaut und sowohl vom Gemüt als auch von der Figur her sehr robust. Das ist das Einzige, was er mit Gertrud gemein hat. Ehrlich gesagt verstehe ich nicht, was sie für einen Narren an ihm gefressen hat. Anfangs dachte ich, der Mann hätte Geld. Das würde Gertruds Interesse an ihm irgendwie erklären. Aber glauben Se mir, Gunter ist arm wie eine Kirchenmaus. Wir haben sein kleines Häuschen Stube für Stube durchsucht – also, sauber gemacht, genau genommen. Dabei hat man ja Gelegenheit, auch mal nach Geldverstecken zu gucken. Nichts! Sogar in der Räucherkammer bin ich gewesen und habe mit dem Spinnwebenbesen nach oben hin die Esse durchgestochert, es gab weit und breit kein Geheimversteck und keine Geldkassette. Dabei müsste er was haben, wissen Se, er war und ist bis heute Landwirt. Er hatte bis vor wenigen Jahren, als die Rentenkasse nicht mehr mitmachte und sich weigerte, weiterhin in bar auszuzahlen, nicht mal ein Konto. Gunter hat zeit seines Lebens in bar gewirtschaftet. So was wie ein Finanzamt ist ihm nicht bekannt, und da die ihm auch nicht schreiben, kann man davon ausgehen, dass die ihn auch nicht kennen und noch nie einen Pfennig Steuern von ihm bekommen haben. Da müsste also im Grunde was sein. Ich habe mir aber selbst ein Bild gemacht, indem ich mit Gertrud wie gesagt Stube für Stube durchsucht habe. Wo eine Renate Bergmann nichts findet, da ist auch nichts, glauben Se mir. Aus den Ritzen seiner ollen Couch haben wir Münzen in vier verschiedenen Währungen gekratzt, bis zurück zu Reichspfennigen, aber das war alles nicht der Rede wert. Das waren nur aus den Hosentaschen gerutschte Groschen, kein zur Seite gebrachtes Vermögen.

Na, richtiges Vermögen wird er auch nicht haben, also jedenfalls nicht solche Summen wie die Großkopferten oder gar Fußballtrainer. Aber trotzdem! Wenn man ohne Finanzamt wirtschaftet? Da muss doch was übrig bleiben! Mir lässt das bis heute keine Ruhe, aber gut.

»Hast du kein Schmalz?«, fragte Gertrud. Ich guckte nur streng über die Brille, so wie Frau Doktor Bürgel mich immer anguckt, wenn wir über die Zuckerwerte sprechen. Mein Blick verfehlte seine Wirkung nicht. Gertrud schob den Teller mit meinen Stullen unauffällig von sich weg. Sodann begann sie, ausführlicher über Gunters Wehwehchen zu berichten.

»Er ist einfach fertig auf den Knochen, Renate, ich sehe das ja schon seit Jahren kommen. Was meinst du, was der sich an Pferdebalsam auf Rücken und Beine schmieren muss, bis der überhaupt in die Gänge kommt? Aber zum Doktor wollte er ja nicht. Er schwört auf Brennnesselumschlag zur besseren Durchblutung und hält Ärzte allesamt für Quacksalber. Jetzt hat er sich ›verhoben‹, wie er sagt. Im Garten hat er gebuddelt und sich so das Kreuz wehgetan, dass nichts mehr ging. Die Parzellennachbarin hat mich angerufen, weil er unterm Apfelbaum kauerte und nicht mal mehr aufstehen konnte. Gott sei Dank hatte ich der meine Nummer dagelassen, die wollte mich anrufen, wenn die Quitten reif sind.«

Gertrud machte einen tiefen Seufzatmer und berichtete weiter.

»Ich habe nicht lange gefackelt und bin mit dem Taxi hin. Weißte, Renate, ich hätte den doch gar nicht hochgekriegt, geschweige denn nach Hause! Das kann auch keiner von mir verlangen. Obwohl es ihm gegen den Strich ging und er gebockt hat wie ein Stier, der zum Schlachter soll, habe ich ihn zum Doktor fahren lassen. Wir mussten eine Decke auf den Rücksitz legen, überleg dir das mal. Gunter sah aus wie aus dem Teich gezogen, klatschnass geschwitzt war er und dreckig! Du machst dir kein Bild. Ich hätte mich geschämt, wenn ich als seine Ehefrau da ... aber so konnte ich sagen, ich bin nur eine Bekannte, die ihn gefunden hat.«

Das konnte ich mir lebhaft vorstellen. Wissen Se, wenn man im Garten wühlt, hat man nicht die feinsten Sachen an, das ist ganz klar. Aber Gunter trägt selbst am Sonntag Manchesterhosen von seinem Vater und nur an besonderen Feiertagen auch mal eine weinrote Jockinghose. Die ist erst zweimal gestopft und deshalb in seiner Welt »wie neu«. Ich traute mich auch nicht, Gertrud zu fragen, ob der olle Sturkopp wohl wenigstens saubere Unterhosen anhatte. Ich ahnte die Antwort und wollte sie lieber nicht hören.

Kurzum, ich will Ihnen das alles ersparen, was Gertrud haarklein erzählt hat über die Schippkarte, die erst nicht auffindbar und dann seit 1998 abgelaufen war, dass sie dem Gunter gedroht haben, ihn festzubinden, wenn er nicht endlich für die Untersuchung stillhält, und auch, dass sie ihn aus der Hose rausgeschnitten haben und all solche Sachen.

Gunter wurde zum Röntchen geschickt, und es kam raus, dass da im Rücken alles verschoben, abgenutzt und rausgesprungen war, was es an Knochen und Gelenken gibt. Doktor Knackthaler hat ihn sofort weitergeschickt ins Krankenhaus, er sagte, er kennt solche Fälle wie Gunter noch aus Erzählungen von seinem Vorgänger. Wenn man Gunter erst mal nach Hause gelassen hätte, wäre der nie mehr wiedergekommen, sagt er, und Gertrud nickte beipflichtend, als sie es mir erzählte. Jedenfalls lag Gunter nun auf der chirurgischen Station im Ilsenkrankenhaus und musste unters Messer.

Zwei Bandscheiben wollten sie generalerneuern, Gunter wurde noch ein bisschen untersucht, ob sein Kreislauf das wohl mitmacht, ob er geimpft ist und ob er Würmer hat und solche Geschichten, aber das Urteil stand fest.

Wissen Se, die müssen da ja erst mal gucken, wen sie so vor sich auf dem Tisch liegen haben, bevor sie anfangen können zu schnippeln. Am Ende ist es ein Trinker, oder der hat sonst was für Blutdruckwerte. Da hat ja keiner Freude, wenn es zu Komplikationen kommt. Erst recht im Fall von Gunter, der seit seiner Musterung zum Militär keinem Arzt mehr näher als auf zwanzig Meter gekommen ist. Die »checkten« den so richtig durch, wie man so schön sagt. Die Oh-Pe an sich ist für die ja reine Routine. »Minimal-inversibel« heißt das Wort, ich habe es mir extra aufgeschrieben. Die schnippeln nicht groß, sondern piksen nur mit einer Kanüle in den Rücken und fummeln dann ein bisschen rum. Das blutet nicht mal mehr richtig, ist aber trotzdem für den Kreislauf eine große Belastung. Deshalb prüfen die im Vorfeld alles genau. Erstens, weil sie damit viel Geld verdienen, und zweitens, weil sie die Leute da wie in Massenabfertigung in den Oh-Pe-Saal rein- und wieder rausschieben. Wenn einer auf dem Tisch schlappmacht, kommt der ganze Ablauf zum Stocken, und sie müssen viele andere Eingriffe verschieben. Ach, dann muss die Sekretärin aus der Verwaltung wieder stundenlang telefonieren und Termine umplanen, das macht nur Ärger! Da hängt ja so viel dran, auch die Reha-Kur hinterher ... Ich weiß Bescheid, ich hatte vor geraumer Zeit ja auch mal einen Eingriff an der Hüfte.

»Gertrud, der Gunter ist ein Kerl wie eine sturmgestählte Eiche. Der übersteht das, und sollste mal sehen, wie der wieder flitzt, wenn sie den danach mit Turnen und Schlammpackungen aufgepäppelt haben«, versuchte ich, mein Trudchen ein bisschen aufzubauen. Ich nahm ihre verschmähten Stullen und schmierte ihr zusätzlich vom Gänseschmalz drauf, das ich noch im Kühlschrank hatte. In solchen Situationen braucht die Seele Nahrung, Fettwerte hin oder her.

»Renate ... ich muss dir was sagen«, druckste Gertrud.

Ich spitzte die Ohren.

»Ich habe Gunter was versprochen.« Sie guckte mich mit festem Blick an, und ich ahnte schon, dass es ernst wird. Der olle Rochen würde ihr doch wohl nicht die Ehe angetragen haben? Wissen Se, ich wäre grundsätzlich schon sehr dafür, die Verhältnisse in geordnete Bahnen zu bringen, und würde es gutheißen, ließen sie sich wenigstens standesamtlich zusammenschreiben. Aber Gertrud hat von ihrem Gustav eine so gute Witwenrente! Das müsste man alles wohl überlegen und sich vernünftig durchrechnen, Moral hin und Gerede der Leute her. Am Ende muss man doch gucken, dass man nicht draufzahlt und wie man zurechtkommt!

Aber das war es gar nicht.

»Gunter hat doch seinen Garten, an dem er so hängt«, fuhr Gertrud fort.

Genau genommen hat Gunter nicht nur einen Garten. Er hat ein Stück Land hinterm Haus, auf dem er Kartoffeln, Rüben und andere Sachen zum Verfüttern ans Vieh anbaut, und er hat zwei Parzellen in der Kleingartenanlage. Dort gießt und erntet er Obst und Gemüse. Das ist sein Ein und Alles.

»Ich habe ihm versprochen«, fuhr mein Trudchen drucksend fort, »dass ich ... also, dass wir ... komm, Renate, das bisschen Gießen! Du hilfst mir doch?«

Ach du liebe Güte!

Wissen Se, ich habe die vier Gräber meiner Männer zu versorgen, die in ganz Berlin verteilt ruhen, ich habe in der Ferienzeit Gießfreundschaften mit den Nachbarsgrabwitwen, und auch die Pflanzen von Stefan und Ariane wollen gepflegt werden, wenn die im Urlaub sind.

Habe ich eigentlich schon gesagt, wer Stefan und Ariane sind? Nee, mich dünkt, das habe ich noch gar nicht richtig erwähnt. Der Stefan, das ist ein Neffe meines lange verstorbenen ersten Gatten Otto. Also keine direkte Verwandtschaft, sondern übrig geblieben, nachdem der Otto begraben wurde. Wenn man einen Mann zu Grabe trägt, trennt sich die verschwägerte Spreu vom verwandten Weizen. Viele sehen Se auf der Beerdigung das letzte Mal, aber der Stefan, der ist ein Guter. Der ist immer für Tante Renate da gewesen und ist es bis heute. Wenn es um Zeug mit Strom und Technik geht und mit Computer – auf Stefan ist Verlass. Der kümmert sich, dass mein Händi stets Strom hat, und stellt mir auch den Fernseher so ein, dass auf ZWEI das Zweite ist und keine Barbusigen, die betteln, dass man sie anruft. Und die Ariane, das ist seine Frau. Ein sehr patentes Mädel, ein bisschen schroff und mit Schwächen auf dem hausfraulichen Gebiet, aber man muss das Ganze sehen, und als Mutter und berufstätige Ehefrau meistert sie das alles prima. Sie haben zwei zauberhafte kleine Mädchen, die Lisbeth und die ... na, sag schon ... das Mäuschen. Ich sage immer »Mäuschen«, wenn mir auf die Schnelle der Name … Agneta! Agneta heißt sie, Gott, ja, zwei zauberhafte Engelchen. Die Winklers wohnen gar nicht weit von mir, vor den Toren Spandaus, in einem kleinen Häuschen, was sie unter Zuschuss von Tante Renates Erspartem gebaut haben. Da habe ich auch eine kleine Einliegerwohnung, in die ich, wenn es hier in der Stadt alleine dereinst nicht mehr gehen sollte, umsiedeln kann. Aber noch ist das nicht auf dem Tapet, noch komme ich gut alleine zurecht. Das jedoch nur am Rande, damit Se wissen, wer Stefan und Ariane sind.

Ich schleppe wirklich schon genug Kannen, ich muss nicht noch Gunters Kohlplantagen wässern! Also, ehrlich gesagt war mir das nicht recht. Es wird mir langsam alles ein bisschen viel. Wenn man über achtzig ist, liegt das Alter oft wie eine Last auf einem. Noch dazu behandeln einen die Leute ja auch, als wäre man schon ein bisschen »angestorben«. Wenn sie mir früher in der Apotheke ein Pröbchen in die Tüte gelegt haben, war es meist eine Pflegecreme für die reife Haut. Das fand ich schon nicht sehr charmant, aber aus heutiger Sicht … ich hätte lieber wieder eine Creme für die reife Haut als Tee zur Blasenstärkung! Das ist doch wirklich entwürdigend.

Ich sage ganz offen: Die Doktorn rät seit Jahren, ich soll mittags eine halbe Stunde die Füße hochlegen und ruhen. Das mache ich nicht jeden Tag, aber in der letzten Zeit doch immer mal wieder. Gerade wenn das Wetter umschlägt oder ich viel unterwegs war, strengt mich das an, und ich mache gern eine kleine Mittagspause und »horche am Kissen«, wie Ariane, das freche Ding, immer sagt. Ich trete ein bisschen ruhiger. Soll ich mir da einen

Garten aufhalsen? Eine Renate Bergmann ist schließlich auch keine, die eine Sache nur halb oder oberflächlich erledigt. Man muss sich doch klarmachen, dass an so einer Aufgabe auch viel mehr dranhängt als nur ein bisschen Gießen. Es muss gegraben, gehackt und geerntet werden, Unkraut gejätet, der Kompost umgesetzt, vieles, was anstrengt und auf den Rücken geht. Ich mochte gar nicht dran denken!

Wissen Se, ich kenne mich ein bisschen aus mit dem Gärtnern, ich hatte zeitlebens damit zu tun, Obst und Gemüse zu pflanzen und zu ernten.

Ich wurde nämlich vor der Mauer geboren.

Nee, das kann man so nicht sagen.

Mutter hat mich zu Hause im Bett entbunden, mithilfe von Agathe, der Rotkreuzschwester im Dorf, und nicht vor der Mauer.

Aber noch lange Jahre, bevor die Berliner Mauer gebaut wurde, das wollte ich damit ausdrücken. Ich habe dann gesehen, wie sie erbaut wurde, habe mit ihr gelebt und war natürlich dabei, als das Trumm wieder abgerissen wurde. Jetzt ist sie schon wieder länger weg, als sie jemals stand, und da bin ich sehr froh drüber. Was ich damit sagen will, ist, dass ich viel mitgemacht habe im Leben. Gleich nach dem Krieg hatten wir ja nichts. Na, ich will ehrlich sein, wir auf dem Land haben keinen Hunger leiden müssen.

Aber manchmal gab es keinen Nachtisch!

Es wird so oft dahingesagt: »Und dann kam das Wirtschaftswunder.« Das klingt dann immer so, als hätten die Trümmerfrauen und Kriegerwitwen ein bisschen auf den Steinen rumgeklopft, und zack! war der Tisch reichlich gedeckt, und die gebratenen Gänse standen auf der Tafel. So war es nicht. Nur wer die harten Nachkriegsjahre, die langen und eiskalten Hungerwinter und den Wiederaufbau mitgemacht hat, kann das nachfühlen. Wir waren mit wenig zufrieden und wissen auch heute noch zu schätzen, was wir kriegen, statt immer maßlos nach mehr zu rufen. Aber ich will mich nicht verlieren in Vergangenem und mag nicht klagen über verloren gegangene Bescheidenheit. Wir leben im Hier und Heute, und das ist sehr gut so. Allerdings sollte man etwas anfangen mit den Lehren, die einem das Leben erteilt hat. Wozu hat man denn so lange gelebt, wenn man nichts daraus lernt, frage ich Sie? Es wäre doch alles für die Katz gewesen, würden wir Alten nicht etwas begriffen haben und das nun auch weitergeben!

Denke ich an die strengen Hungerwinter – ach, das war schlimm! Seinerzeit hatte alles Vorrang, was die Menschen satt machte. Und damit es genug zu essen gab, musste die Ernte sichergestellt werden. Da packten alle mit an! Als ich ein Schulkind war, hießen die Herbstferien noch Kartoffelferien, und zwar aus gutem Grund. Das Schulfrei war extra so gelegt, dass wir Kinder dem Vater bei der Kartoffelernte helfen konnten. Seinerzeit gab es noch keine Erntemaschinen so groß wie ein Müllauto, die durch die Reihen fuhren. Man staunt ja, was da heute alles über den Acker brummt. Die Ungetüme sind beinahe so groß wie diese Fischtanker, die die Heringe nicht nur fangen, sondern gleich schlachten, ausnehmen, das Gedärm und die Flossen an die Möwen verfüttern und am Ende mit tiefgefrorenen Filets im Hafen einlaufen. So ähnlich sind die Kartoffelerntemaschinen heute doch auch schon. Glauben Se mir, noch ein paar Jahre, und es plumpsen fertige Pommies hinten raus oder Kartoffelpuffer mit Apfelmus.

Als ich ein kleines Mädchen war, sah das noch anders aus. Unser Opa Strelemann hat zur Ernte den Braunen angespannt und ließ ihn die Kartoffelschleuder durch die Reihen ziehen. Das Ding tat, was seine Aufgabe war, und schleuderte die Erdäpfel mit Schwung aus der Erde. Oma, Mutter, mein Bruder Fritz und ich mussten nun aufsammeln, was der Acker hergab. In große Weidenkiepen warfen wir die Kartoffeln und schleppten die Körbe, sobald sie voll waren, zum Pferdewagen am Ackerrand. Ach, das war eine schwere Arbeit. Gebückt krochen wir durch die Reihen, um jede noch so murmelkleine Kartoffel einzusammeln. Die kleinen wurden fürs Vieh gekocht, die großen kamen zur Hälfte in den Keller, und zur Hälfte wurden sie eingemietet. Opa machte jedes Jahr eine Kartoffelmiete. Kennen Se das noch? Dazu wurde ein Spatentief Erde ausgehoben, das Loch wurde mit ein bisschen Stroh ausgekleidet, und da hinein kamen Kartoffeln und auch Rüben für das Vieh. Alles wurde mit mehreren Schichten Stroh und Erde abgedeckt. Im Winter, wenn die eingekellerten Kartoffeln schrumpelig wurden und zu keimen anfingen, öffnete Opa die Miete, und wir hatten bis ins Frühjahr wunderbare Kartoffeln. Die waren wie frisch! Aber das lohnte sich natürlich nur, wenn man auch eine ordentliche Menge beisammenhatte. Deshalb war Opa bei der Ernte sehr streng und scheuchte uns wieder und wieder durch die Reihen. Dreimal mussten wir über den Acker und auch wirklich noch die letzten Erfeln finden, und wehe, er erspähte bei der Nachkontrolle mit seinen Adleraugen auch nur eine Knolle! Dann war aber was los. Was meinen Se, wie der Rücken schmerzte von diesem ständigen Bücken. Oma Strelemann kriegte abends drei Einreibungen mit Franzbranntwein, und damit sie überhaupt morgens wieder aus dem Bett kam, musste Opa ihr auch in der Frühe schon davon aufschmieren. Aber geklagt haben wir nicht, die Arbeit gehörte eben dazu in den Kartoffelferien. Und wenn Opa rief: »Kinder, Nachbar Schulte hat schluderig gesammelt, kommt, wir gehen Kartoffeln stoppeln« – na, dann sind wir, ohne zu murren, auf den Pferdewagen geklettert. Mehrere große Kiepen voll mit prächtigen Kartoffeln haben wir oft noch nachgesammelt, was für eine Freude! Das war Futter genug für zehn Karnickel mehr über den Winter. Das machte den Unterschied, ob wir sonntags einen Braten im Ofen hatten oder ob Schmalhans Küchenmeister war.

Bei uns wurde auch gegessen, was auf den Tisch kam. Es kam gar keiner auf die Idee rumzumäkeln, weil es sonst mit leerem Magen ins Bett ging. Anders als heutzutage.

Gucken Se sich mal um, überall sieht man verzogene und verwöhnte Kinder! Die gucken einen nicht mal an beim Guten-Tag-Sagen und strecken einem die linke Pfote entgegen. Da kämpft man mit sich, dass man nicht vorbringt: »Welches ist denn das brave Händchen?« Sagt man das, gibt es gleich wieder einen Vortrag, dass das heutzutage nicht mehr schlimm ist, wenn einer Linkshänder ist und der deswegen weder auf dem Scheiterhaufen verbrannt noch mit zurückgebundenem Arm umerzogen wird. Das soll ja auch so sein, aber trotzdem. Erziehung ist für viele an sich schon ein rotes Tuch. Manche halten gute Manieren und ein bisschen Anstand für Verbiegen der Persönlichkeit. Da darf der kleine Nilas-Leandro eben mit den Straßenschuhen in die Wohnstube und muss auch nicht vom Spinat kosten, wenn er nicht möchte. Pah! Wir mussten immer probieren. Mutter war sehr streng, sie sagte immer: »Renate, du musst es nicht essen, wenn es dir nicht schmeckt, aber gekostet wird zumindest.« Eine Zeit lang versuchte ich, mich mit Bauchschmerzen rauszureden. Da war Mutter aber konsequent: »Wer krank ist, der gehört ins Bett!«, lautete die Verordnung. Und damit war nicht gemeint, dass sich die kleine Renate mit ihrem Lieblingsteddy auf die Couch legte und eine quietschebunte Trickfilmschau im Fernsehen anschaute. Nein, so was gab es damals ja noch gar nicht! Ich musste mich ausziehen und mich in der Schlafkammer oben unterm Dach ins Bett legen. Ohne Buch, nur mit einer Kanne heißem Kamillentee und mit dem Spruch »Wenn du krank bist, kannst du heute Abend bestimmt auch nicht mit uns Radio hören«. Was meinen Se, wie schnell da die Bauchschmerzen weg waren. Es wurde mir schon nach zehn Minuten so langweilig alleine in der eiskalten Schlafstube, dass ich rasch wieder gesundete. Ich lernte sehr schnell, alles zu kosten, was Mutter kredenzte. Manchmal habe ich es probiert und danach aus Trotz nicht gegessen, obwohl es mir eigentlich gut mundete. Ach, ich war eben schon als Kind ein kleiner Sturkopf. Beim nächsten Mal, wenn das Gericht auf dem Tisch stand, tat ich dann so, als hätte ich es schon immer gemocht, und langte kräftig zu. Mutter sagte nichts, guckte mich aber triumphierend an und dachte sich bestimmt: »Na, da haben wir beide gewonnen, du kleine Zicke. Du isst, was ich gekocht habe, auch wenn du beim letzten Mal noch so ein Theater veranstaltet hast.«

Einen vollen Teller weiß heute kaum mehr einer zu achten, wissen Se, heute gehen die Leute am Sonnabend in die Kaufhalle und machen ein Gezeter, wenn es um zehn Minuten vor Ladenschluss keine eingeflogenen frischen grünen Bohnen aus Kenia mehr gibt. Wir mussten noch mit Weitsicht überlegen, was auf den Tisch kommt. Ach, ich will die Zeit nicht wieder zurück, um es ganz klar zu sagen, aber ein bisschen mehr Respekt vor den Lebensmitteln und den Menschen, die sie uns auf den Tisch bringen, der wäre doch angebracht. Wir haben nicht nur das Filet vom Schwein gegessen, sondern es wurde das ganze Vieh verwurstet. Da wusste man, was drin war, und man hat es mit Appetit gegessen. Das Schlimmste, was in die Blutwurst fiel, war ein bisschen Asche von Fleischer Alwins Zigarre, aber das gab letztlich auch Geschmack. Auf jeden Fall war das Schwein nicht so mit Tabletten vollgestopft, dass gegen Angina schon ein Schnitzel half. Ach, hören Se mir auf. Ich kaufe beim Fleischer, den ich kenne. Vertrauen kann man dem auch nicht, der schummelt ebenfalls und macht Wasser in die Bockwurst, aber wenigstens keine Chemie. Und er hat auch Markknochen, Spitzbeine und Saumagen im Angebot. Eine Schande, was heute alles weggeschmissen wird. Saure Nierchen sind doch ein Gedicht!

Die Zeit, in der es Nahrungsmittel nur rationiert auf Lebensmittelkarte gab, dauerte bis in die Fünfzigerjahre hinein. Damals war das mit Obst und Gemüse auch so eine Sache. Im Osten, wo ich ja lebte, bekamen die das einfach nicht in den Griff. Nicht nur Gemüse, auch andere Sachen. Einmal hat ein Fernsehkoch erwähnt, dass Broiler, also gegrillte Hähnchen, eine feine und gesunde Sache seien, und am nächsten Tag rannten die Leute los und kauften Hühner wie die Verrückten. Oder Eier. Eine Zeit lang wurde die Devise ausgegeben, jeden Tag ein Ei zu essen, sei kräftigend und stärkend, aber als die Eier knapp wurden, weil die von Hühnern auf Hähnchen – eben wegen der Broiler – umstellten, hieß es: »Kommando zurück! Zu viele Eier sind ungesund, und der Schollensterin-Spiegel schießt Ihnen hoch. Ein Ei pro Woche genügt.« So steuerten die das halbwegs aus. Aber Kohl, Kohl konnten se. Kohl gab es immer und reichlich, und zwar in den Varianten Weiß, Rot, Wirsing und Sauer. Äpfel und Kartoffeln waren auch immer zu haben, das war nie ein Problem. Solche Sachen, die man gut lagern konnte, gab es stets zu kaufen. Seinerzeit wurden noch keine frischen Erdbeeren aus Spanien eingeflogen zum Weihnachtsfest, und Bohnen gab es nur, wenn die Saison dafür war. Und bei allem anderen sah es ganz mau aus. Wissen Se, so exotisches Zeug wie Ananas oder Bananen mussten für Westgeld auf dem Weltmarkt eingekauft werden, und das hatte der Staat nicht. Deshalb gab es das nur ganz selten, und wir mussten uns mit selbst eingeweckten Pfirsichen oder Birnen bei Laune halten und unseren Appetit und Fittaminbedarf stillen. Ich will jetzt hier nicht das Wirtschaftssystem der DDR erklären, das würde zu weit führen, aber eine kleine Geschichte möchte ich Ihnen doch erzählen:

Die Obrigen kriegten das ja mit, dass Obst und Gemüse gesund sind, ganz doof waren sie ja auch nicht. Aber es von Staats wegen selber anzubauen und noch dazu in ausreichenden Mengen, das funktionierte einfach nicht so gut. Wenn es Glas gab für Gewächshäuser, dann gab es keine Öfen, um die zu beheizen. Und wenn es beides gab, gab es keine Leute, die die Tomaten hätten pflücken können. Daran sind die fast verzweifelt und appellierten deshalb an die Kleingärtner, doch bei der Versorgung der Bevölkerung mitzuhelfen. Wissen Se, so wurden die Leute mit Garten ein bisschen diszipliniert. Die hatten zu tun und rackerten und pflegten ihren Kohlrabi und kamen nicht auf den Gedanken, tiefer zu graben und eventuell einen Fluchttunnel zu buddeln. So steuerten die Laubenpieper was bei, damit auch der Städter ohne Gemüsebeet mal ein bisschen was Grünes auf den Teller bekam und nicht nur Sauerkraut wie die Seefahrer, damit sie keinen Skorbut kriegten. So jedenfalls war der Plan, aber wie schon Opa Strelemann immer sagte: »Der Bauer ist nicht dumm.« Die Kleingärtner verstanden das System recht schnell und nutzten es aus. Es war nämlich so, dass die Aufkaufstellen für Gemüse und Obst mehr bezahlten, als das Zeug nachher im Laden kostete! Denken Se nur, ein Kilo Einlegegurken zum Beispiel wurde aufgekauft für 3,80 Mark, und im Konsum gab es die dann für 1,90 Mark.

Nee, die olle Bergmann hat es nicht falsch aufgeschrieben und die Zahlen vertauscht, so war es wirklich! Dass das nicht aufgehen konnte, das war jedem klar, dazu muss man nicht studiert haben. Aber die wollten das so und sub-ven-tio-nier-ten das Grünzeug. Ein schweres

Wort, aber so sagt man, wenn man was beischießt. Gertrud subventioniert den Enkel, hihi!

Nun gab es aber auch ganz Schlaue, die haben ihre Gurken in der Aufkaufstelle abgeliefert und die 3,80 Mark eingesteckt. Anschließend haben sie gewartet, bis der Fahrer vom Konsum kam, die Kisten abgeholt und zur Verkaufsstelle kutschiert hat. Alsdann sind sie in den Laden spaziert und haben ihre eigenen, eben verhökerten Gurken zum halben Preis zurückgekauft. Wenn se Glück hatten, hatte die Aufkaufstelle noch geöffnet, dann sind sie schnurstracks wieder hin und haben dieselben Gurken das zweite Mal verscherbelt. War da schon geschlossen, war das auch kein Problem, dann kamen die Einleger eben über Nacht erst mit nach Hause und wurden schön feucht gehalten. Am nächsten Tag wogen die nun sogar noch mehr als am Tag zuvor und brachten noch mehr Geld.

Ein Kollege von Kurt war ein ganz Gewiefter, der hat mit diesem Geschacher eine Menge Geld verdient. Der hatte sogar eine Kellerbar mit Holzverkleidung, was meinen Se, was das seinerzeit gekostet hat! Ach, es ist ein Wunder, dass die DDR so lange durchgehalten hat, wenn Se mich fragen. 1983 muss es gewesen sein, wenn ich es richtig weiß, da haben die vom ollen Strauß – dieser Bullige aus Bayern, den kennen Se doch, oder? –, von dem haben die ja noch mal eine Milliarde Mark Kredit gekriegt. Westmark, natürlich. Das ist heute eine halbe Milliarde Euro, grob gerechnet. Das klingt viel, aber überlegen Se mal: Damit hat die DDR dann noch mal sechs Jahre durchgehalten. Bei so mancher großen Bank wäre das heutzutage noch vor dem Frühstück durch den Schornstein, glaube ich, aber was weiß eine olle Rentnerin schon.

Kurt und Ilse – das sind sehr nette Freunde von mir – haben da nicht so doll geschummelt wie der Kollege mit der getäfelten Kellerbar, nur ein bisschen. Sie haben ihre Eier auch zur Aufkaufstelle gegeben. Jeder Erzeuger hatte eine Nummer, die auf die Eier gestempelt werden musste, damit man nachvollziehen konnte, wenn ein angebrütetes oder faules Ei dabei war. Die Nummer von Gläsers war die 38, das weiß ich noch genau. Sehen Se, solche Kleinigkeiten, die ganz unwichtig sind, die merke ich mir, aber wo ich die Brille hingelegt habe, das entfällt mir immer öfter. Ich weiß auch noch die Telefonnummer von Brigitte, der Schwägerin von meinem dritten Mann Franz. Die wohnte in München, das war erst die Vorwählzahl für Westdeutschland, dann 089 und dann 51-7-17.

Nee, 19 hinten, also 51-7-19.

51 hatte Oma Strelemann die Gallenoperation, sieben Junge hatte unser Hund geworfen, und neunzehn war ich, als ich das erste Mal geheiratet habe. So habe ich mir das gemerkt, und das geht nicht mehr raus aus dem Kopf, ob man will oder nicht. Von Brigitte haben wir schon vor bald vierzig Jahren Abschied genommen, eine prächtige Beerdigung war das mit acht Sargträgern und gesetztem Essen hinterher. Ich müsste mir die Nummer nun wirklich nicht mehr merken. Fragen Se mich aber jetzt nicht, wann Gertrud diesen Monat zur Fußpflege muss, DAS habe ich schon wieder vergessen. Dabei hat sie es mir erzählt, mich dünkt, es war der 17., aber es kann auch der 18. sein.

Jedenfalls hatten Ilse und Kurt die Eier-Nummer 38. Die Eier wurden gestempelt und zur Aufkaufstelle gebracht, das gab pro Stück ein paar Pfennige mehr als die 39 Silberlinge, für die sie nachher feilgeboten wurden im Laden. Nicht viel, aber den Mist macht das Kleinvieh, nicht wahr? Deshalb ist Ilse anschließend zum Krämerladen und hat ihre eigenen Eier zurückgekauft, sie wusste ja die Nummer. Ach, es war eine verrückte Zeit!

Wie bin ich jetzt bloß auf dieses Thema gekommen? Sie müssen entschuldigen, aber bestimmt kennen Se das von Ihrer eigenen Oma oder Mutti: Wenn man erst mal ins Erzählen gerät, kommt man vom Höckchen aufs Stöckchen!

Aber zurück zu Gertrud und dem Problem mit Gunters Garten.

»Gertrud. Weißt du eigentlich, worauf du dich da einlässt? So ein Garten macht viel mehr Arbeit, als du dir vorstellen kannst.«

Gertrud geht solche Dinge immer ein bisschen einfältig an. Die hört »Garten«, und vor ihrem inneren Auge sieht sie sich Erdbeertorte essen auf der Hollywoodschaukel und Kirschen vom Baum naschen. Vor den Erfolg haben die Götter jedoch den Schweiß gesetzt, und ich wusste in dem Moment offen gesagt nicht, *wie* sehr ich recht behalten sollte ...

»Ich musste es Gunter versprechen. Er wäre nie zur Oh-Pe gegangen, wenn er seinen Garten nicht in guten Händen wüsste. Er hat auch ausdrücklich gewollt, dass du mir ein bisschen unter die Arme greifst, und er lässt auch lieb grüßen.«

Das mit dem »unter die Arme greifen« glaubte ich ihr,

das mit den Grüßen nicht. So was macht Gunter nicht, nie! Ich kenne den ollen Bock doch! Aber dumm ist er nicht, er weiß auch genau, dass Gertrud allein viel zu ... ich suche nach einem charmanten Wort ... sagen wir bequem ist, als dass die sich jeden Tag vom Sofa aufrafft und in die Kolonie »Abendfrieden« fährt, um das Gemüse zu wässern. Gertrud fehlt oft der Antrieb. Sie steht auf dem Standpunkt, dass sie genug gearbeitet hat in ihrem Leben, und lässt es sich gern gut gehen. Das mündet aber in Müßiggang, sage ich Ihnen! Sie macht alles ohne Elan und gibt sich keine rechte Mühe, verstehen Se? Auch beim Kochen. Alles, was sie anrührt, ist ohne Pfiff und fad. Gertrud kann Soße so andicken, dass man damit mauern kann. Ich habe keine böse Zunge und würde nie behaupten, dass sie nicht kochen kann, aber Norbert ist der einzige Hund in ganz Spandau, der bei Tisch nicht bettelt.

Wissen Se, so ein Garten ist im Grunde wie ein Haustier. Er braucht täglich Pflege, und wenn es im Sommer richtig heiß ist, müssen gerade die Tomaten jeden Abend gegossen werden. Wenn man nur einen Tag schludert, war es das mit dem Erntestolz. Ich hatte vor zwei Jahren ein paar Tomaten auf dem Balkon in wirklich großen Töpfen. Es kam, wie es kommen musste: Als die üppigen, aber noch grünen Früchte der Reife entgegensteuerten, musste ich für zwei Tage zu meiner Tochter, weil da ... nein, das erzähle ich später, für Kirsten sind Sie noch nicht bereit, glauben Se mir.

Ich habe die Tomatentöpfe nur für zwei Tage alleine gelassen, und trotzdem war es zu lange. Alles Blattwerk war gelb und welk, die Stängel waren so schwach geworden, dass der Haupttrieb mit den größten, schwersten Früchten abgeknickt war. Das war sehr ärgerlich! Nee, da muss man konsequent dranbleiben und jeden Tag, am besten sogar zweimal am Tag, gießen. Nicht nur wer erbt, muss gießen, auch wer ernten will! Hihi!

Gertrud hat ja ihren Hund, den Norbert. Eine Doberdogge oder so was, auf jeden Fall riiiieesig, ungestüm und gerne am Toben. Eigentlich ist der Hund überhaupt nichts für eine alte Dame. Gertrud sollte so was Kleines zum Streicheln haben, was auch mit auf der Couch liegen kann. Aber wenn Norbert sich da platziert, muss sich Gertrud einen Küchenstuhl vor den Fernseher holen, so groß ist das Tier. Und der braucht natürlich auch seinen Auslauf. Im Grunde genommen sollte der mindestens zwei-, besser dreimal am Tag für eine Stunde bewegt werden. Gertrud ist aber so bequem, dass sie den Hund bei schlechtem Wetter auch mal allein vor die Tür schickt, damit er sein Geschäft machen kann. Man muss froh sein, dass die Nachbarn sich um ihn kümmern und bei Gertrud klingeln, wenn Norbert mal wieder zu dumm ist, vor der richtigen Haustür um Einlass zu kläffen. Der eine oder andere holt ihn auch immer mal wieder zum Spaziergang ab. Da kriegt er seinen Auslauf, und Frau Haschinger traut sich mit dem Hund in Begleitung auch im Dustern zu ihrem Frauenchor. Da haben beide was davon!

»Na, sind wir mal ehrlich, Renate: So ein Beet ist auch nichts anderes als ein Grab. Ob Eisbegonien oder Kohlrabi – darauf kommt es nun nicht an. Und Gräber beackerst du ja auch!«, überrumpelte mich Gertrud förmlich. Da fiel mir auf die Schnelle nichts drauf ein, und sie nutzte meine kleine Schwäche gleich, um fortzufahren: »Sollste mal sehen, Renate, und bevor der Herbst da ist, ist auch der Herbst wieder da«, versuchte sie, einen Witz zu machen.

Na, das sah ich aber skeptisch. So blauäugig wie Gertrud war ich da nicht. Man weiß doch, wie das ist! Erst verschiebt sich das mit der Operation um ein paar Tage, dann heilt die Wunde nicht richtig, oder der Doktor hat die falsche Seite operiert oder sein Besteck mit eingenäht – HAT MAN ALLES SCHON GESEHEN! – und zack! – ist der Termin im Reha-Heim nicht mehr zu halten. Dann muss man erst mal ungekurt übergangsweise nach Hause, kann da aber nicht krauchen und braucht Pflege. Ich sah es schon vor mir, Gertrud würde bei Gunter am Bett wachen und ich von früh bis spät im Beet knien? Eine am Bett, eine am Beet war keine schöne Arbeitsteilung. »Obacht, Renate!«, dachte ich bei mir. Wissen Se, Freundschaftsdienst hin und ein bisschen Hilfe her, man muss auch aufpassen, dass man sich nicht zu viel aufhalst. Ich bin nun mal nicht mehr die Jüngste, so manchen Tag spüre ich das in den Knochen. Deshalb stellte ich gleich klar: »Jawoll, Gertrud, meine Gute, du kannst auf mich zählen. Aber nicht mehr als zwei Stunden am Tag!«

Am nächsten Morgen sind wir gleich hin zum Garten. Man konnte wirklich nicht meckern, es war mit dem Bus keine Viertelstunde und gut zu erreichen. Ich musste nur über den Marktplatz ums Eck zur Haltestelle, dort stieg ich zu. Gertrud saß schon im Bus und winkte aufgeregt vom Fenster aus. Sie hatte mir einen Platz frei gehalten, aber ich hatte gar keine Schangse, zu ihr nach hinten durchzudringen. Es waren nämlich zwei junge Frauen mit Kinderwagen eingestiegen. Es gibt ja von der Straßenverkehrsordnung her keine Grenze, wie groß so ein Karren sein darf, und das nutzen die schamlos aus. Wissen Se, wir hatten früher auch Kinderwagen, jawoll. Aber die Dinger hatten unten einen Korb im Fußbereich, wo eine Ersatzwindel reinkam und ein frischer Schlüpfer, falls mal ein Malheur passierte, und das war es dann aber auch. Ich bin mit Kirsten spazieren gefahren oder zum Kinderarzt, ganz selten haben wir meinen Wilhelm auch mal von der Arbeit abgeholt (ein Schlachthof ist ja kein Ort für kleine Kinder), aber wir sind nicht losgezogen, als würden wir drei Wochen auf Reisen gehen mit dem Karren, wie die Muttis es heutzutage offensichtlich tun! Gucken Se sich so einen modernen

Kinderwagen mal an, diese Gefährte sind größer als so manches Auto. Es sind meist Doppelkarren, damit die kleinen Engelchen wahlweise liegen oder sitzen und dabei je nach Wunsch nach vorne oder nach hinten gucken können, und in ganz vielen Fächern und Ablagen führen die Muttis den Inhalt eines Kleiderschranks, einer Spielzeugkiste, einer Knabberschublade, warm gehaltene Fläschchen, einen Monatsvorrat Windeln und manchmal sogar eine Kühltasche mit. Hat man Worte?! Mit diesen Wohnmobilen für Kinder versperren die auch den ganzen Gang im Drogeriemarkt, da kommt man nicht mal mit dem kleinen Handkorb mehr durch zu den Knoblauchpillen oder den Haarnetzen, geschweige denn mit einem Rollator! Wenn Se an der Kasse so eine Wohnmobilmutti vor sich haben und denken: »Die hat ja nicht viel zu bezahlen, das geht zügig«, na, dann staunen Se aber nicht schlecht! Zehn Minuten lang hat neulich eine lauter HIPP-Gläschen unter Babys Zudecke vorgezaubert, und am Ende war sie bald 80 Euro schuldig. Mir fing schon die Hüfte an zu stechen, so lange musste ich anstehen. Wenn die Muttis mit Kinderwägen in den Laden einfallen, na, da können Se nur sehen, dass Sie Land gewinnen.

Ja, und ganz schlimm sind die eben auch im Bus. Ich bin rein durch den Einstieg, aber dann war auch schon Schluss. Ich kam weder vorwärts noch rückwärts. Im Grunde müsste der Bus einen Anhänger haben, wo die Kinderwägen reinkommen. Es gibt schließlich auch Autozüge! Aber man muss sich wohl damit abfinden, dass die Zeiten sich ändern. Nichts bleibt, wie es ist. Unser Landarzt Doktor Pöschel musste damals auch noch mal ganz neu lernen, als die ersten Motorräder aufkamen, zum Beispiel. Das war für den eine große Umstellung, wissen Se, so ein Motorradunfall macht bei den Leuten ganz andere Verletzungen, als wenn ein Pferd durchgeht.

Ich musste stehen, aber es waren nur ein paar Stationen, bis die Damen ausstiegen. Umfallen konnte ich ja nicht, so eingepresst zwischen zwei Kinderausfahrstationen, und wenn, dann wäre ich wohl auf ein Federbett geplumpst, das auch auf einem der Wagen lag.

Na ja.

Der große Gelbe fuhr direkt durch bis zur Kolonie »Abendfrieden«. Gertrud und ich begrüßten uns wegen der Kinderwagenbehinderung erst nach dem Aussteigen an der Haltestelle. Von dort hatten wir kaum fünf Minuten zu laufen und standen am Haupteingang zur Gartensparte. Die Kolonie war eingerahmt von einer riesigen immergrünen Hecke. Über das Tor spannte sich ein großer Rosenbogen, der bestimmt wunderschön aussah, wenn er in Blüte stand. Noch – wir hatten Ende März – waren nur Dornen zu sehen und ganz wenige spärliche Blätter, aber die Sonne hatte Kraft, und die Natur würde die Rosen schon ganz bald in all ihrer Pracht erblühen lassen.

»Rosenweg«, sagte Gertrud, »wir müssen zum Rosenweg. 9 und 9b.« Sie steuerte zielsicher den Hauptweg entlang. Gertrud war schon mal hier gewesen, aber da sie keinen Orientierungssinn hat, entschied ich mich, abzuwarten und nicht gleich blindlings hinter ihr herzumarschieren. Und ich hatte richtig daran getan, denn schon bald rief sie: »Nee, Renate, hier war es nicht ... es muss die andere Richtung gewesen sein.«

Das war dann richtig. »Rosenweg« stand rechter Hand mit abblätternder Farbe auf einem Holzschildchen. »Ganz hinten, das weiß ich noch. Ganz hinten ist Gunters Garten«, stapfte Gertrud voraus. Warum es 9 und 9b war und nicht 9 und 10, fragte ich mich. Aber über so was darf man nicht nachdenken. Ich muss, wenn ich zu Kirsten fahre, immer umsteigen auf dem Bahnhof in Bad Kümmelstedt, da komme ich auf Gleis 2 an und fahre von Gleis 17a weiter. Bei der ersten Reise hatte ich Bedenken, ob ich es wohl in der knappen Umsteigezeit schaffe, aber 17a lag gleich neben Gleis 2. Die haben da nur zwei Schienenstränge, aber sie wollen sich wichtigtun und nennen das zweite deshalb 17a.

Wie ich sagte, man darf da nicht drüber nachdenken!

Der Anblick von Gunters Garten riss mich auch sofort aus meinen Gedanken. Große Güte, worauf hatte ich mich da bloß eingelassen!

Zwischen Laube, Gerümpelbergen und ganz vielen kleinen Schuppen stand hüfthoch vertrocknetes Gras. Zwei verwitterte Gartenzwerge guckten trübe hinterm Komposthaufen hervor. Die hatten hoffentlich schon weniger traurige Tage erlebt.

Hier wartete aber ein Haufen mehr Arbeit auf uns als alle zwei Tage ein bisschen Gießen, wenn wir auf diesem brachliegenden Acker irgendwas ernten wollten. So wie das hier aussah, hatte Gunter schon längere Zeit nichts mehr machen können. Der Garten war nicht erst seit ein paar Wochen vernachlässigt worden, wahrscheinlich war hier schon das ganze letzte Jahr nichts passiert. Der olle Zausel hatte schlimmere Rückenschmerzen gehabt, als er zugeben wollte. Das musste Gertrud nun entscheiden, wie weit wir uns hier … und ob das überhaupt einen Sinn hatte. Wissen Se, Gunter hatte schließlich hinterm Haus genug Garten, und es gibt in jedem Gartenverein eine Warteliste, auf der HUNDERTE Leute stehen, die sich das ans Bein … ich meine, die sich hier ab und an die Beine vertreten und auf der Scholle ein bisschen buddeln wollen.

Ich schaute Gertrud tief in die Augen: »Wollen wir es angehen, Trudchen?« Oft ist Gertrud schnell Feuer und Flamme für eine Sache oder für einen Mann, aber genauso schnell verglimmt die eben noch lodernde Begeisterung meist wieder. Aber so, wie sie mich anschaute und mit fester Stimme »Ja, Renate. Lass uns das machen. Für Gunter!« sagte, glaubte ich ihr.

Da lag was vor uns, das wusste ich schon in diesem Moment. Viele Stunden würden wir schuften, um das Gärtchen halbwegs urbar zu kriegen. Wir wollten uns gerade wieder Richtung Bushaltestelle auf den Rückweg machen, da stand auf einmal ein Mann vor uns, wie ein Pilz nach einem Gewitterguss aus der Erde gewachsen. Richtig erschrocken habe ich mich. »Habicht, Sie?«

Ich dachte, ich gucke nicht richtig, aber es war zweifelsfrei Günter Habicht, der vor uns stand. Wegen meiner Überraschung platzte es gleich aus mir heraus. So was ist sonst nicht meine Art, üblicherweise übe ich mich in Contenance, aber das war so unerwartet, dass ich nicht an mich halten konnte.

Günter Habicht war mir erst letztes Jahr über den Weg gelaufen. Da war er der Platzwart auf dem Campinggehege gewesen, auf dem ich mit Ilse und Kurt geurlaubt hatte. Er nannte sich gern »den guten Geist«, eine Bezeichnung, der nur wenige, die ihn kennen, zustimmen wollen, denn im Grunde ist er ein pingeliger oller Knilch. Allerdings einer, der im Herzen ein Guter ist und dem man nicht so richtig böse sein kann. Ohne seine Hilfe hätten wir Ilse wohl nicht wiedergefunden ... aber das führt zu weit an dieser Stelle. Irgendwas war in der Habicht-Ehe nicht in Ordnung, eine Dauercamperin hatte sich letztes Jahr sogar so weit verstiegen zu behaupten, dem Günter wäre die Frau durchgebrannt. Das hat sich nie bestätigt, und ich bin vorsichtig mit solchen Gerüchten. Aber komisch war da was, so was merkt eine Renate Bergmann. Ich weiß doch, wie es ist. Wahrscheinlich hatten die gerade die Phase in ihrer Ehe, in der der Mann frisch verrentet nun jeden Tag zu Hause ist und seiner Angetrauten diese plötzliche Anwesenheit ein bisschen viel wird. Als Walter, also mein vierter Mann, seinerzeit Rentner wurde, da habe ich den auch noch mal ganz neu kennengelernt. Ein Mensch ist ja doch ein anderer, wenn er plötzlich den ganzen Tag zu Hause ist! Solange die Männer arbeiten gehen, stören die gar nicht groß. Sie sind den Tag über weg. Der Habicht hat als Busfahrer ja auch in Schichten gearbeitet und war sogar nachts aushäusig. Zudem hat er den Tag über geschlafen, da merkt man als Frau dann ja kaum eine Störung. Der Urlaub geht schnell rum, und Weihnachten hat man die Verwandtschaft mit im Haus und ist auch nicht mit ihm allein. Oft kriegt man erst mit, wenn der Herr pensioniert wird, was man sich da hat zuteilen lassen vom Standesbeamten. Na, jedenfalls schien der geballte Haufen Günter recht viel für die Brigitte Habicht, und sie ist los zur Volkshochschule und hat sowohl sich als auch ihn für allen möglichen Quatsch angemeldet, nur um diese plötzliche Nähe ein bisschen zu entzerren. Sie ging Röcke nähen, und ihn schickte sie zu »Pilates für Männer«. Da war er aber nur einmal, das war ihm zu albern. Er hat sich aber nicht getraut, seiner Brigitte das zu sagen, und ist dafür mittwochs zwei Stunden mit seiner Turnbekleidung in »Udos Eck« gegangen zur Bierverkostung. Als letzte Runde hat er immer ein Glas Sprudel bestellt, um den Atem zu neutralisieren und ein paar falsche Schwitzflecken auf sein Turnhemdchen zu sprenkeln. Es hakte irgendwie bei den Habichts, die mussten sich erst einfuchsen in die Zweisamkeit.

Das ist alles verbürgt, das hat mir der Günter Habicht letztes Jahr selbst erzählt am Lagerfeuer. Die Brigitte fände sich mit sechzig zu jung, um neben dem Sturkopp bis ans Ende ihrer Tage nur auf der Couch zu sitzen, wurde mir zudem von einer Bekannten zugetragen. Da kann ich sie verstehen, wissen Se, heute ist man mit sechzig nun wirklich noch nicht alt. Da kommt noch was, wenn man gesund und anständig gelebt hat, vielleicht sogar eine ganze Menge! »Sechzig ist das neue vierzig«, sagen manche Leute. Das ist natürlich Quatsch, die wollen nur nicht wahrhaben, dass sie älter werden, und probieren mit Sport, Fettabsaugung, Zumba und Dirnenkleidung, sich auf jung zu trimmen und sich selbst was vorzumachen. Weil das alles aber gar nichts hilft und sie trotz der Schummelei nicht an den Fakten vorbeikommen, behaupten sie einfach, sechzig sei das neue vierzig. Bitte, sollen se. Jeder, wie es ihm gefällt. Man sagt auch nicht mehr »alt«, sondern verschwurbelt das jetzt und sagt »im fortgeschrittenen Alter«. Das finde ich furchtbar. Parallelen zu schlimmen Krankheiten sind da gar nicht aus dem Kopp zu kriegen, wenn man das hört. Als wäre es etwas Schlimmes! Ich bin zufrieden damit, alt zu sein, sage ich Ihnen. Ich will gar nicht noch mal jung sein. Was bin ich froh, dass ich nicht mehr so doof bin, wie ich es als junges Ding war. Die Erfahrung von heute und die Energie von früher, das wäre es ... Aber alles Zurückschauen und Jammern bringt doch nichts, es ist nur vertane Zeit. Zeit, die man nicht zum Leben im Hier und Jetzt zur Verfügung hat. Man sagt ja auch nicht mehr Altersheim, sondern »Residenz« oder »Stift«. Lassen Se sich da nichts vormachen! Die Schnabeltasse lauert hier wie da!

Ich bin zweiundachtzig und stolz darauf, ich stelle mich nicht hin und behaupte: »Zweiundachtzig ist das neue fünfundsechzig.« Dann würden die Blutdruckwerte auch gar nicht mehr zu mir passen, und die Doktorsche müsste schon wieder neue Tabletten aufschreiben, nee, das will ich gar nicht! Ich will mir auch nicht neue Freunde suchen müssen, wissen Se, ich bin froh, dass ich Gertrud habe. Ihr Reizdarm hin und das Gelecke von Norbert her, unterm Strich ist Gertrud meine gute, meine beste Freundin. Wissen Se, nach so vielen Jahren kennt man sich und weiß, wo der andere seine Macken hat. Man hat gelernt, darüber hinwegzusehen, und weiß die guten Seiten eines Menschen umso mehr zu schätzen. Nee, ich sage immer: Man ist so alt, wie man ist, und nicht, wie man sich fühlt. Das ist doch alles Blödsinn, mit dem sich die Leute über die Tatsache hinwegtrösten, dass sie die Zeit vergeudet haben. Irgendwann kommt jeder in die Jahre, in denen er merkt, dass das Leben endlich ist und dass das, was da noch kommt, keine Ewigkeit mehr ist. Da mahne ich: Carpe diem! Nutze die Zeit. Sie fliegt, jawoll. Aber sie fliegt einem nur davon, wenn man sie auch lässt. Aufhalten kann man sie nicht. Jammern, dass sie vergeht, nützt allerdings auch nichts, und deshalb sage ich: Nutzen Se sie! Dann ist sie zwar auch vorbei, aber nicht verflogen, sondern gelebt.

Na ja. Jedenfalls mussten die Habichts nun erst mal gucken, wie sie wohl miteinander zurechtkamen in ihrem Horst. Die Kinder waren ausgeflogen, der Mann gehörte plötzlich in der Wohnstube zum Inventar – da muss man sich erst mal dran gewöhnen. Letztes Jahr hatte der Günter unter dem Vorwand, er müsse sich um das Haus seiner Mutter im Mecklenburgischen kümmern, das heimatliche Nest über Sommer verlassen und sich ein paar ~~Mark~~ Euro verdient, indem er im örtlichen Altenheim ein bisschen hausmeisterte und sich auf dem Campingplatz als Aufseher verdingte. Ebenda hatte ich ihn kennengelernt, und nun stellen Se sich meine Überraschung vor, als der hier in der Gartenkolonie vor mir stand!

»Na, da sag noch einer, dass die Welt kein Dorf ist. Die Frau Bergmann! Tachchen, was machen Sie denn hier?«, begrüßte er mich für seine Verhältnisse wortreich und freundlich.

Ich stellte ihm Gertrud vor, die sogleich an ihrem Mantel nestelte. Das macht die immer, wenn sie einen Mann kennenlernt, der noch richtig hört und halbwegs volles Haar hat.

»Das ist die Frau Potter, die Lebensabendgefährtin vom Herrn Herbst«, machte ich die beiden bekannt. »Abschnitts. Lebensabschnittsgefährtin.«

Herrje, das ist aber auch ein dummes Wort, und vielleicht würde Lebensabendgefährtin sogar besser passen? Auf jeden Fall gab ich Gertrud gleich eins auf die Finger, damit sie das Nesteln unterlässt, und schüttelte mahnend den Kopf.

»Vom ollen Gunter. Parzellen 9 und 9b, jaja. ›Schuppengunter‹, wie wir ihn hier nennen«, entgegnete der Habicht nicht ohne Vorwurf in der Stimme. Ich wusste gar nicht, was seine Laune so hat verfinstern lassen, wissen Se, bei der Begrüßung war er noch so nett gewesen.

»Nun erzählen Sie mir doch erst mal, was Sie hier machen! Sind Sie auf Besuch, Herr Habicht?«

Es war ja nun schon ein großer Zufall, dass wir uns hier über den Weg liefen. Da wird man doch wohl fragen dürfen, was er hier treibt, ohne dass es neugierig wirkt, nicht wahr?

»Besuch, ha! Nee, Frau Bergmann! Ich bin hier vom Vorstand eingesetzt, ein bisschen auf Ordnung zu achten. Der Campingplatz ist ja nun nicht mehr ...«, fuhr er fort und ich ihm ins Wort, was unhöflich war, aber diese Nachricht war doch ein Schreck für mich.

»Der Campingplatz ist nicht mehr?«

»Sie haben es ja letztes Jahr schon geahnt. Die Erbin, diese Katharina, hat kurzen Prozess gemacht und allen gekündigt. Keine vier Wochen, und die ersten Bagger rollten an, da waren die Rechtsanwälte noch dabei, ihre Widersprüche zu schreiben. Einfach Tatsachen hat sie geschaffen, dieses Luder. Da stehen jetzt Wochenendhäuser, die wir beide uns nicht leisten können. Na ja, aber dett ist eine längere Geschichte, die zu erzählen würde jetzt zu weit führen. Ein Habicht ist ein Kämpfer, der sich nicht unterkriegen lässt.«

Der Kämpfer zog seine Jockinghose hoch Richtung Brust.

»Nun bin ich eben hier und gucke nach dem Rechten. Hauptsache, man ist zu Hause raus, nicht wahr? Und was ist nun mit dem ollen Herbst?«, fragte Gunter.

Günter.

Herrje, dass die beiden Kerle fast gleich hießen, machte mich ganz kirre.

Gertrud setzte an zu einer ausführlichen Schilderung der Krankengeschichte von Gunter Herbst. Kennen Se das, wenn ein wichtiger Politiker krank ist? Dann heißt es immer: »Die Professoren gaben ein ärztliches Bulletin heraus.« Das ist eine offizielle Verlautbarung, die meist kurz und knapp gehalten ist. Nicht jedoch bei Gertrud. »Zwischen dem dritten und vierten Lendenwirbel hat sich eine Verspannung gebildet, die kommt zu allem Übel noch dazu. Das ist auch erblich bedingt, Gunters Vater hatte das 1959, ich weiß das sehr genau, das war das Jahr, als bei Knüppenbraks die Scheune gebrannt hat. Vater Herbst war ja in der Feuerwehr und konnte nicht mit zum Einsatz, weil er mit Rückenschmerzen im Heubett lag! 1959 hatte Albrecht Herbst auch den Wirbel verkeilt, und nun hat es Gunter …«

Gertrud schnäuzte in ihr Taschentuch. Es war schluderig gebügelt, wenn überhaupt, was mir sehr unangenehm war, ihr jedoch gar nichts ausmachte. Die greift einfach ein Taschentuch aus dem Korb mit der unerledigten Plättwäsche und geht damit unter die Leute, denken Se sich das nur! Na ja. Ich kenne das, man muss einen Blick auf sie haben. Gertrud ist immer ein bisschen bommelmützig unterwegs. Jedenfalls hörte sich Günter Habicht gerade den Bericht über die 59er-Löscharbeiten an der Scheune von Knüppenbraks an und guckte so wie einer, dem es gereicht hätte, wenn die Antwort gewesen wäre: »Gunter ist krank.«

Ich hörte es erst zwischen den Zeilen raus und spürte es dann im Laufe der Zeit auch, dass man Gunter Herbst hier ein bisschen auf dem Kieker hatte. Nicht nur der Habicht, der war ja im Grunde nur eine Art angestellter Hilfs-Scheriff vom Vorstand. Eine Art Obergärtner mit Hausmeisterfunktion, der die Hauptwege harkte, der guckte, dass die Pacht pünktlich bezahlt wurde, dass die Gemeinschaftsstunden abgeleistet wurden und dass sich jeder an die Vorschriften der Vereinssatzung und an das Kleingartengesetz hielt. Da gibt es ja Fallstricke, Sie ahnen es nicht! Denken Se bloß nicht, man darf sich da einfach ein Keramikbecken zum Pullern aufstellen ... oder gar einen Briefkasten anbauen. Man darf die Hecke nicht zu hoch sprießen lassen und kein Badebecken aufstellen, das zu groß ist. Es muss soundso viel Gemüse gepflanzt werden, und es ist auch geregelt, wann der Rundfunkkasten dudeln darf und wann nicht. Jedenfalls hatte der Vorstand genug von allen Streitereien und den Habicht von der Leine gelassen. Der hatte nach der Campingplatzpleite nicht nur Zeit, sondern auch immer knapp Geld. Die Gartenwillies wiederum hatten irgendwelche Fördertöpfe ausfindig gemacht und einen Antrag geschrieben, und wie auch immer sie es angestellt haben – das Ding ging durch, und die Silberlinge flossen. Offiziell machte Günter Habicht da was mit Integration, gesunder Ernährung und ökologischem Düngen. Dafür schickten sie ihm ein paarmal die Woche ein paar Rotzlöffel, die es faustdick hinter den Ohren hatten, aber zu jung für den Knast waren. Die ließ Günter brachliegende Gärten umgraben, natürlich ohne technisches Gerät, sondern nur mit einem stumpfen Spaten und ihrer Hände Kraft. Was meinen Se, wie die Bengels schwitzten beim Buddeln!

Unseren Gunter hatten sie jedenfalls auf dem Kieker. Seine Parzelle war regelrecht verwildert und entsprach nach langer Zeit des Schlendrians nun keiner Satzung mehr. Noch dazu hatte er vor ein paar Jahren, als kein Mensch einen Garten haben und sich diese Arbeit ans Bein binden wollte, auch den Nachbargarten dazugenommen und sich da nun ganz schön ausgebreitet mit seinem ... Wirken. Unser Gunter ist ja jemand, der nichts wegschmeißen kann. Der hebt alles auf, von dem er glaubt, dass er es noch mal gebrauchen könnte. Und er glaubt es von fast allem! Selbst olle Gurkengläser und ein halber Meter Strippe sind für ihn bewahrenswert. Irgendwann war es so viel Plunder, dass Gunter den Überblick verlor, und da machte er »Ordnung«. Ordnung machen bedeutet für ihn nicht, dass er was wegschmeißt, nein, er baut einen neuen Schuppen, in dem er seine Schätze einlagert. Parzelle 9b glich eher einem Zirkusplatz als einem Kleingarten. Ein alter Straßenbahnwaggon stand da aufgebockt, denken Se sich das nur. Gertrud war zwar schon mal hier gewesen, aber das Ding kannte sie noch nicht. Sie hatte keine Ahnung, wie das wohl hierhergekommen war. Es waren keine Räder dran, und Schienen führten auch nicht in die Kolonie. Man durfte gar nicht groß nachdenken. Waren in seiner eigenen Parzelle noch Gemüsebeete zu sehen, war das okkupierte Gärtchen nur eine wilde Wiese mit vier Bäumen und – auf den ersten Blick gezählt – sechs Schuppen. Wobei Schuppen vielleicht auch nicht das richtige Wort ist, »Bretterverschlag« trifft es sicherlich eher. Für deren Errichtung hatte unser lieber Gunter je vier Pfähle in die Erde gerammt, von außen ein paar Holzpaletten dagegengestellt, eine große Platte draufgelegt, und zack! war ein Schuppen fertig. Sobald es aber stürmte, lösten sich Gunters Schuppen meist in ihre Bestandteile auf, und er musste alles wieder zusammenklauben. Deshalb lagen obendrauf auch immer schwere Steine oder meterweise Straßenbahnschienen. Das machte Gunters Konstrukte regelrecht lebensgefährlich, und es wurde allerhöchste Zeit, dass hier wirklich Ordnung geschaffen wurde.

Ich hatte das ja gleich geahnt, dass es mit ein bisschen Gießen und Hacken nicht getan sein würde, und auch Gertrud dämmerte das. Sie wurde ganz blass und schämte sich ein bisschen für ihren Gunter, das sah ich ihr an. Der Habicht witterte seine Chance, hier durchzugreifen. Er hatte seit Monaten auf Gunter eingeredet, aber ohne Erfolg. Ich kann mir das lebhaft vorstellen, ich kenne den ollen Knochen. Er hört schwer, und wenn er bockig ist und ihm etwas gegen den Kram geht, dann erst recht. Das kann er zuschalten und so tun, als würde er GAR NICHTS verstehen. Er will auch kein Hörgerät. Gunter sagt immer, es reicht ihm, wenn er mitkriegt, dass der Bus hupt, alles will er gar nicht verstehen.

Jedenfalls erklärte Habicht uns in sehr ernstem Ton, dass es so nicht weitergehe. Aufgeräumt gehörte der

Garten, und der Nachbarsgarten, den Gunter nicht mal gepachtet hatte, müsste entrümpelt, urbar gemacht und dem Vorstand sozusagen besenrein übergeben werden. Oder sagt man im Garten »harkenrein«?

»Frau Berchmann« – der Habicht sagt immer »Berchmann« –, »ich kenne Sie. Sie sind eine patente Person, und Ihre attraktive Freundin macht auch den Eindruck, als würde sie zupacken und durchgreifen können«, schmeichelte er. Gertrud zuckte bei »attraktiv« regelrecht zusammen und war gleich wieder entflammt. Die ist ein ganz kritischer Fall für Heiratsschwindler und Zeitungsaboverkäufer, der muss man nur ein Kompliment machen, und sie unterschreibt alles.

»Bei Opa Herbst bin ich nicht weit gekommen mit Reden und Vernunft, aber wenn er nun krank ist, will ich mal nicht so sein. Passen Sie auf, die Sachlage ist klar: Entweder ist hier in vier Wochen alles eins a in Schuss, wenn große Begehung vom Vorstand ist, und die Parzelle 9b ist von Müll und Gerümpel geräumt, oder die Kündigung geht raus. Dann kümmert sich eine Firma um die Beräumung, und dett wird nicht billig.«

Na, also das konnte der nicht machen. Das kam gar nicht infrage! Selbst wenn es hier aussah wie bei den Ökos, musste man doch abwägen, was wegkommt und was bleiben darf. Den ganzen Kram, und mochte er noch so runtergewirtschaftet sein, hatte sich Gunter Groschen für Groschen erspart und zusammengesammelt. Das konnte man ihm nicht einfach nehmen. Das hatte für ihn doch einen ganz anderen Wert als die Zahl, die da in Euro dranstand, und gerade jetzt, wo er krank darniederlag, würde es ihm wohl den Rest geben, wenn sein Garten einfach plattgemacht würde. So was geht doch ans Herz! Der Habicht war ein gefühlloser Pedant. Gesetze hin und Verordnungen her, so ging das nicht. Man muss doch auch immer den Menschen sehen!

Ich fragte mich, ob der Habicht eigentlich schon Opa war. Das Alter hatte er, aber ich konnte ihn mir so gar nicht mit kleinen Kindern vorstellen. Wenn man das Wort »Großvater« hört, haben viele ja das Bild von einem älteren Herrn im Kopf, der am Kamin im Ohrensessel sitzt mit Plüschpantoffeln und Märchenbuch auf dem Schoß, während er dem kleinen Enkelchen über den Kopf streicht und ihm gütig lächelnd ein golden verpacktes Karamellbonbon gibt. So sehen sich manche Opas ja auch selbst, aber ehrlich gesagt gelingt den wenigsten die Entwicklung zum Bonbon-Großvater. Viele werden doch notorische Nörgler. Statt Güte und Verständnis zu zeigen, brabbeln sie den Kindern hinterher, dass sie nicht schlurfen und die Füße heben sollen. Die anderen werden zu diesen peinlichen Junggebliebenen, die sich vom Ersparten ein Motorrad kaufen und die dann mit Lederanzügen, die im Schritt und über dem Bauch spannen, durch die Landschaft knattern. Habicht war Ersteres. Allein während wir im Garten standen und beratschlagten, was zu tun war, brüllte er zweimal Kindern, die auf dem Hauptweg flitzten, »Hier wird nicht gerannt!« zu.

Die wollten Gunter von der Parzelle haben. Die Liste der Bewerber für einen Garten war lang. Aber will man denn das? Familien mit Kindern gut und schön, aber wenn hier den ganzen Tag Topfschlagen gespielt wird, hat ja auch keiner seine Freude! Und Ruhe und Erholung sind doch das, was so ein Garten bieten soll.

Wissen Se, bei allem Gemoser und Gemecker über die Regeln und die Kleingartenordnung muss man immer wieder auf das Gesetz verweisen. Die Ordnung, die sich jeder Verein gibt, fußt ja auf einem Gesetz, und dagegen kann man nichts tun. Das mag man für sinnig halten oder auch nicht – in dem Augenblick, wo man sich für einen Kleingarten entscheidet, erkennt man auch die Regeln an und muss sich daran halten. So ist das nun mal. Im Straßenverkehr gibt es auch Vorschriften. Da kann man auch nicht einfach bei Rot über die Straße spazieren und sich dann beschweren, wenn einen ein Auto anfährt. Selbst wenn das ein Raudi und Raser war – wenn er Grün hatte, hat er recht. Basta!

Der Herr Schreber, auf den die Gärten gleichen Namens letztlich zurückgehen, hat sich bei dem Ganzen was gedacht. Der Herr war ein Studierter. Ein Orthopäde, der eine »Heilanstalt für Verkrümmungen« leitete. Das hieß wirklich so, runzeln Se nicht die Stirn. Seinerzeit hat man noch nicht so darauf geachtet, sich rücksichtsvoll auszudrücken. Heute gäbe das ja gleich einen großen Aufschrei, und auch mit Recht.

Herr Schreber empfahl noch lange vor Turnvater Jahn Bewegung als Therapie. Axt hauen und Holz sägen stand statt teurer Pillen auf seinen Verordnungszetteln, und er setzte sich dafür ein, dass Grünanlagen geschaffen wurden, wo sich die Arbeiter aus den Mietskasernen, in denen die mit acht oder zwölf Kindern und Omas und Opas obendrein eng auf eng hockten, mal ausleben konnten. Daraus entwickelte sich bald die Idee, dass man das Geturne, Gehüpfe und Holzgehacke auch sinnvoll nutzen kann und die Leute, wenn se schon umherrackern, auch was graben und buddeln lassen könnte. Wissen Se, mit der Versorgung stand es ja auch nicht so gut. Obst und Gemüse waren ein seltenes Festmahl für die Städter, und was Fittamine sind, wusste man nicht mal. Um es kurz zu machen: Aus dieser Idee entstanden recht bald Gartenkolonien. Und da es von Beginn an Leute gab, die lieber auf der faulen Haut lagen und sich die Sonne auf den Bauch scheinen ließen, machte man ein paar Regeln. Die besagten, dass die Hecke nur soundso hoch sein durfte, zum Beispiel, damit man, ohne neugierig zu wirken, eine gewisse Kontrolle über das Treiben auf der Parzelle hatte, und auch, dass die Fläche mindestens zu zwei Dritteln für den Anbau von Obst und Gemüse genutzt werden musste. Schließlich sollte das Wirken im Garten ja auch Teller und Keller füllen und nicht nur dem Rumlungern auf der faulen Haut dienen. Das gilt im Grunde bis heute, nur dass die Herrschaften Gartenbesitzer das gar nicht mehr so genau wissen. Die kommen da mit der Vorstellung hin, dass sie sich in die Hollywoodschaukel plumpsen lassen, Bowle und Gegrilltes schlemmen und laut Musik hören. Das geht natürlich nicht.

Nach reiflichem Überlegen nahmen Gertrud und ich die Herausforderung an und wollten unser Bestes geben, Gunters Gärtchen auf Vordermann zu bringen. Es durfte einfach nicht sein, dass er seine Oase, die ihm so viel bedeutete, verlor. Der würde uns am Ende noch eingehen, wenn er die traurige Nachricht auf dem Krankenbett bekäme. Man kennt das doch, wenn man erst mal liegt, dann liegt man. Gunter brauchte schließlich eine Motivation, schnell wieder gesund zu werden. Natürlich mussten wir Kompromisse machen und konnten hier nicht alles lassen, wie es war. Etliches von Gunters angesammeltem Plunder musste weg, und wir würden tüchtig aufräumen müssen, damit das hier wieder halbwegs der Ordnung entsprach. Geld hatten wir keins, und ich sah auch gar nicht ein, dass ich von meiner auskömmlichen, aber doch schmalen Rente was beigeben sollte. Das war Gertruds Angelegenheit, nicht meine. Ich helfe mit Tatkraft und Ideen, aber wer mir ans Portjuchhe will, der holt sich eine Abfuhr. Da habe ich den Daumen drauf.

Eine Renate Bergmann ist jedoch nie um Ideen verlegen. Gertrud und ich stöberten ein paar Tage nach unserem ersten Besuch grob durch die Schuppen und überschlugen, was da an Schrott rumstand. Also, Metallschrott, verstehen Se? So was ist ja in unseren Tagen eine Menge Bares wert. Gunter hatte Berge von Müll gesammelt, aber auch einiges an Plunder aus Gusseisen, Kupfer und Zinn. Das sieht alles nicht viel aus, und man denkt: »Ach, die alte Blechwanne wiegt nur ein paar Pfund, das lohnt sich nicht.« Aber es sind nicht ein paar Pfund, sondern ein paar Kilo. Kleinvieh macht bekanntermaßen auch Mist. Schon auf der ersten Runde durch den Schuppenpark fanden wir zum Beispiel zwei große Ambosse. Die wogen jeweils so viel, dass man bestimmt zwei kräftige Männer brauchte, um sie überhaupt vom Fleck wegzukriegen, das sahen wir schon auf den ersten Blick. Gertrud entdeckte auch einen ganzen Berg von Milchkannen und olle Schüsseln aus Aluminium. Alu bringt auch viel Geld, das weiß ich. Alu ist begehrt. Ich glaube, weil so viele Leute sich Hüte daraus bauen.

Entschuldigen Se den kleinen Spaß.

Auch Reste von Kupferkabeln lagen rum, Fensterrahmen aus Metall und schwere Schienen und Träger. Man konnte nur den Kopf schütteln und durfte gar nicht überlegen, was Gunter sich dabei wohl gedacht hatte, diese ganzen alten Plünnen aufzuheben, wo er sie eigentlich herhatte und wie zum Teufel er diese ganzen schweren Sachen hier in den Garten gekriegt hatte. Es war kein Wunder, dass seine Bandscheiben auf dem Zahnfleisch gingen. Sogar Gertrud, die nun wirklich selber so manches Mal Nachhilfe in Sachen Ordnung gebrauchen kann, war verwundert und sagte: »Der olle Knochen sollte sich schämen.«

Zum Schämen gab es aber keinen Grund, denn wir konnten den ganzen Plunz gut versilbern. Da müssen Se nur anrufen bei einem Schrotthändler und was von Kupfer murmeln: Wenn Se dann noch eine olle Oma sind, wittern die gleich das große Geschäft und kommen ruckzuck, bevor noch ein Enkel herbeieilen und einen vorm Beschupsen schützen kann. Wir vertrauten auf die Brüder Schlurfeisen, das sind ehrliche und seriöse Leute. Die kennt unser Kurt schon von klein auf. Der Jüngere, der Bernhard, hat einen kleinen Hau, aber er ist fleißig und kräftig. Man könnte denken, da war nicht viel Wasser im Becken, als er Köpper übte, aber es war ein bisschen anders. Bernhard ist gegen eine Baggerschaufel gelaufen, als er noch klein war, und hat seither einen weg. Aber er kann schwer tragen und den Hof fegen. Die Bücher macht sein Bruder, der Jockel. Wobei, Bücher …

viel geht da bestimmt nicht durch die Bücher. Sagen wir, um das Geschäftliche kümmert sich Jockel. Das ist neutral ausgedrückt und trifft es besser. Er hat immer ein Bündel Geldscheine in der ausgebeulten Tasche seiner Latzhose und bezahlt damit alles. »Nur Bares ist Wahres« ist sein Lieblingssatz. Es gibt auch keine Quittung, und wenn einer nach einer Rechnung fragt, na dann knurrt der Jockel widerwillig und tippt am Wochenende auf einer alten Adler-Schreibmaschine was zusammen.

Die Gebrüder Schlurfeisen kamen auch am selben Tag noch vorbei und staunten nicht schlecht, was Gunter da alles gehortet hatte. »Es kann alles weg, wenn es nur ordentlich Geld bringt«, rief Gertrud, und ich konnte ihre Augen leuchten sehen. Die witterte das große Geschäft, sage ich Ihnen, und spekulierte darauf, dass so viel übrig bleibt, dass sie am Ende sogar noch ein paar Kittelschürzen kaufen kann. Gertrud träumt oft vom großen Geld und vom Lottogewinn, wissen Se. Die schreibt auch bei »Aktendeckel XY« immer mit, wie hoch die Belohnung ist. Am Ende der Sendung rechnet sie dann zusammen, wie viel sie hätte bekommen können, wenn sie nur Hinweise hätte geben können!

Kittelschürzen hat Gertrud ja für ihr Leben gern. Viele Frauen kaufen gern Schuhe, um sich zu trösten, Männer schaffen irgendein Werkzeug an, das dann rumliegt, weil sie damit nicht zurechtkommen, und meine Gertrud kauft Schürzen. Wenn die den Kleiderschrank aufmacht, denken Se, es ist ein Regenbogen aufgegangen. Alle Farben, die Se sich denken können, schimmern aus ihrem Schürzendepot. In jedem Kittel hat sie auch in der Tasche zwei Kastanien, weil das gegen Rheuma helfen soll. Die Doktorsche zuckt zu dem Thema mit den Schultern, meine Tochter, die an alles glaubt, was ohne Chemie oder Strom ist, hält lange begeisterte Vorträge. Ob Kastanien wirklich helfen, weiß kein Mensch. Wahrscheinlich ist es ein alter Volksglaube, aber da es keine Giftpflanzen sind und sie nicht schaden – lassen Se sie doch machen! Jedenfalls klappern in jeder ihrer Schürzen in der rechten Tasche zwei Kastanien. Da sie die Dinger teilweise schon über fünfzig Jahre im Schrank hängen hat – seit der Erfindung des Dederon hat Gertrud keine Kollektion ausgelassen! –, hat sie auch Kastanien aus fünf Jahrzehnten. Wenn mal so ein Pflanzenforscher einen Baum von früher nachzüchten will, soll der sich nur melden. Gertrud kann helfen, sie hat noch Saatgut aus der Zeit, bevor es Buntfernsehen gab.

Wir handelten einen guten Preis aus. Also, für Gunters Schuppenschrott, nicht für Gertruds Schürzen. Die Schlurfeisens stellten uns Container für die verschiedenen Metalle hin. Ich bestellte Herrn Alex, den jungen Studenten aus der WG in meinem Haus, und Stefan für den nächsten Sonnabend, und dazu schickte der Günter Habicht seine halbstarken Jungs, die ihre Sozialstunden bei ihm abarbeiteten. Das war nicht viel, aber alles, was ich an kräftigen und jungen Männern organisieren konnte. Jockel Schlurfeisen setzte noch den Bernhard bei uns ab, das war im Preis mit drin. Der Bernhard musste beschäftigt werden, sagte Jockel, sonst guckt der nur Schmuddelseiten im Interweb an, wenn er nichts zu tun hat.

Na, die Herren hatten tüchtig zu schleppen! Halb eingewachsen fanden sie unter Efeu sogar noch drei gusseiserne Heizkörper und einen schweren Kanonenofen.

Ich hoffte inständig, dass wir nicht noch den Kampfkörperräumdienst rufen müssten, aber dem Himmel sei Dank war nichts Gefährliches dabei. Ebenso ängstlich sorgten wir uns, wenn einer buddelte, dass die nichts Historisches finden. Sie kennen das bestimmt, es wird gleich der Denkmalschutz gerufen, wenn einer nur auf einen rostigen Knopf im Garten stößt. Dann rücken die an mit Zahnbürste und Pinsel und blockieren über Wochen alles, nee, das kommt gar nicht infrage. Als sie in Ägypten die Eisenbahn gebaut haben, haben sie so viele Mumien ausgegraben, dass sie damit die Lokomotiven befeuert haben, überlegen Se sich das mal, und bei uns sollten die Tomaten nicht in die Erde, weil Gertrud eine Scherbe findet? Nee, nee, nee. Aber es ging alles gut, es tauchte weder eine Mumie noch eine Bombe auf.

Wir Frauen machten derweil in der Laube »klar Schiff« und räumten die Schränke auf. Mir fiel als Erstes Gunter Herbsts »Haarschneidetopf« in die Hände, den er von seiner Oma geerbt hat. Oma Herbst hatte anno dazumal einen blauen Topf mit einem Loch drin ausrangiert. Den hat sie nicht weggeschmissen, sondern nutzte ihn, wenn sie dem kleinen Gunter die Haare schnitt. Der bekam den Topp auf den Kopp, und die Oma schnitt ab, was drunter vorguckte. Sie hatte auch keine Extrabürste zum Kämmen, wissen Se, es war nicht lange nach dem Krieg. Oma Herbst nahm die Schuhputzbürste und ging dem Bengel damit über den Pony. Pilzkopfschnitt war in Gunters Familie schon lange vor den Beatles eine »Trendfrisur«, wie man heute sagen würde, und Gunter schnitt sich immer noch mit diesem Topf selbst die Haare. Wenn ich daran denke, was meine Friseurin Ursula mittlerweile für Waschen und Legen nimmt, mochte ich gar nicht ausrechnen, was Gunter in seinem Leben gespart hatte. Allerdings lief er dafür auch rum wie Karl Napp. Nun ja. Ich traute mich nicht, die Schnitthilfe wegzuschmeißen, aber Gertrud war rigoros und feuerte sie in den Container.

Wie ich schon anmerkte, macht auch Kleinvieh Mist, und deshalb guckten wir danach die Schubladen durch. Was braucht ein alter Mann vierzehn Suppenkellen, frage ich Sie? Und Blechdosen, in denen müffelnder Schwarztee, morsches Wundpflaster und Mäusekötel sind? Wir hatten uns Gummihandschuhe angezogen, damit wir uns nicht noch was wegholten. Bevor ich was entsorgte, holte ich mir immer die Erlaubnis von Gertrud, die aber nur nickte und alles durchwinkte. Wissen Se, man will sich ja nicht in die Nesseln setzen und am Ende doch was wegdonnern, an dem Gunter noch hängt. Dann ist es besser, wenn es die Lebensgefährtin weggeschmissen hat. In einer Schüssel waren gesammelte Haargummis, da fragte man sich wirklich, wo Gunter die herhatte und wofür er die aufhob. Gerade wollte ich die nächste Büchse – eine leere Dose Vorstreichfarbe, die laut Etikett mal 2 Reichsmark gekostet hatte – in den Sondermüll tun, da hörte ich im letzten Moment noch ein leises Klappern. Mein erster Gedanke war: »Na, das wird abgeplatzter Farbrest sein, schmeiß die weg, Renate, wir haben noch mehr zu tun«, aber dann dachte ich: »Guck lieber rein, Renate. Wer weiß ...« Und gut, dass ich es gemacht habe, Sie werden nicht glauben, was ich gefunden habe: ein Schächtelchen mit einem Ring drin! Mir blieb ja fast die Spucke weg. Es war ein samtverschlagenes Kästchen, und ich konnte mir gerade noch verkneifen, es zu öffnen. Das stand mir nicht zu. »Gertrud, guck!«, sagte ich und hielt ihr das Kästlein hin. Sie machte kein langes Federlesen und rupfte es einfach auf. Es war ein goldener Ring mit einem roten Stein, der von kleinen weißen ... *Diamanten?* umrahmt war. »Wenn der echt ist, ist der ein paar Hundert Euro wert«, brachte Gertrud hervor und hielt ihn gegen das Licht. Sie kennt sich mit so was aus, wissen Se, ihre Friseursche toupiert auch im Frauenknast und kommt über die schweren Mädchen, die oft genug auch leichte Mädchen sind, immer günstig an Sachen dran, die der Staatsanwalt nicht gefunden hat. »Er ist gepunzt, das ist 18-karätiges Gold, Renate!«, sagte Gertrud und wog den Ring abschätzend mit der Hand. »Wenn das echtes Gold ist, sind die Steine auch echt. Das ist feiner Rubin, und die Diamanten haben Brillantschliff.« Ich staunte, wie gut Gertrud sich auskannte! »Beim Juwelier kostet der fuffzehnhundert, Zellen-Gudrun kann ihn dir für fünfhundert besorgen.« Der Ring war wirklich hübsch und machte eine schöne Hand. Er passte Gertrud wie für sie gemacht. Das Schmuckstück war präsent und vorstellig, aber nicht protzig. Wilma Kuckert hat einen so dicken Klunker, dass man am liebsten auf die Knie gehen und ihr die Hand küssen will, weil er aussieht wie ein Bischofsring. Aber der hier ... ich staunte nicht schlecht. So viel Geschmack hatte ich Gunter nicht zugetraut.

»Was meinst du, wo der herstammt?«, fragte ich Gertrud.

»Woher soll ich das denn wissen? Vielleicht ein Erbstück von seiner Mutter?«

Gunters Mutter muss ... also, der Mann ist vierundachtzig Jahre alt. Da begoss er lieb Mütterlein mit hoher Wahrscheinlichkeit schon ein Weilchen. Während Gertrud den Ring an ihrer Hand in den Sonnenstrahlen, die durch das Schuppenfenster fielen, betrachtete und blitzen ließ, untersuchte ich das Etui genauer.

»Fünfstellige Postleitzahl. Der ist neu!«

Na ja. Also, fast neu. Wenn ich die Gewürze durchgucke, hebe ich auch alles auf, was eine fünfstellige Postleitzahl beim Hersteller stehen hat. Das ist doch noch gut, das kann man doch noch essen!

»Der ist nicht von seiner Mutter, Gertrud. Der hat den gekauft!«

Gertrud verschlug es kurz die Sprache. Kennen Se diese Momente, in denen man dem festsitzenden Groschen beim Fallen zugucken kann? So einen Vorgang konnte ich gerade beobachten. Gertrud zog erst die Stirn kraus. Dann ließ sie vom Ring, den sie noch immer im Sonnenschein betrachtete, ab und guckte mich fragend an. Sie begann zu stottern:

»Du meinst …?«

»Ja.«

»Dass Gunter …?«

»Ja.«

»Dass er mich fragen will?«

»Ja, Gertrud. Das meine ich. Da steht dir wohl ein Antrag ins Haus. Aber pass auf, dass der olle Knöter nicht auf die Knie geht mit der frisch operierten Bandscheibe, alleine kommt der nicht wieder hoch, und du schaffst es auch nicht, den in den Sessel zu hieven!«

»Du machst aber auch jede Romantik kaputt, Renate!«, sagte sie beseelt lächelnd.

»Lass die Romantik mal beiseite, und überlege dir das gut. Und vor allem lass das mit der Rente durchrechnen, bevor du dich entscheidest!«, mahnte ich.

Wissen Se, ich plädiere im Grunde schon seit Langem dafür, die etwas unsteten Verhältnisse zu ordnen. Würde es nach mir gehen, hätten sich die beiden schon lange zusammenschreiben lassen sollen. Schon wegen der Leute. Aber, und das ist ein wichtiges Argument, man muss auch das Finanzielle bedenken. Gertrud kriegt von ihrem Gustav her die große Witwenrente, das sind 60 % von dem, was Gustav hatte. Gertrud hat nie viel verdient, wissen Se, wir sind einfache Leute. Fleißig waren wir unser ganzes Leben lang, Gertrud als Köchin und ich als Eisenbahnerin. Wir haben Kinder großgezogen ... na gut, bei meiner Kirsten gucken Se da bitte nicht so genau hin, aber großgezogen habe ich sie! Wir haben trotzdem immer voll gearbeitet und müssen nun im Alter rechnen, wie wir über die Runden kommen. Ich will wirklich nicht klagen, man kommt zurecht. Es war auch immer so, dass eine Rente ein schmales Salär war, bei dem man sich einschränken musste, um auszukommen. Da ist in den letzten Jahren ein falsches Bild entstanden durch die vielen Lehrer, die mit knapp über fünfzig rudelweise wegen Nervenleiden in den Ruhestand gingen und nun alle paar Wochen am Flughafen rumlungern, um gut versorgt in das milde Klima von Gran Canaria abzudüsen. Das ist nicht die Norm! Das war ein Ausreißer, weil eine Weile lang die Leute in »Frühpension« geschickt wurden. Im Grunde war die Rente immer als Beitrag zum Lebensunterhalt gedacht, als eine von mehreren Stützen. Wo soll es denn auch herkommen, frage ich Sie, das Geld wächst doch nicht auf den Bäumen? Es kann doch nicht sein, dass man im Alter, wenn man nicht mehr arbeitet, so viel Lohn kriegt wie in den Jahren, in denen man zehn Stunden am Tag geschuftet hat. Dafür zahlt man einen Beitrag in die Rentenkasse, jawoll, und der Chef tut auch was dazu. Aber jeder, der rechnen kann, muss nur mal überschlagen, was da an Beiträgen beisammenkommt. Mehr kann am Ende auch nicht rauskommen aus dem Sparschwein. Die Mäuse kriegen doch keine Jungen! Da darf man sich nichts vormachen. Es ist dumm, davor die Augen zu verschließen. Neben der Rente braucht man eben eine private Vorsorge, die Hilfe und Unterstützung von Kindern oder »Omas klein Häusle«, wie man so schön sagt.

Derweil wir Frauen die Laube entrümpelten und über Gunters Antragspläne spekulierten, gingen im Garten die Aufräumarbeiten gut voran. Sicher, man soll den Tag nicht vor dem Abend loben und den Senf nicht in der Tube; man muss immer erst mal abwarten, was zum Schluss dabei rauskommt. »Hinten kackt die Ente«, sagt Stefan immer. Nun, das wäre nicht meine Ausdrucksweise, deshalb habe ich es in Gänsebeinchen gesetzt, aber es sagt im Kern, was ich auch denke. Es lag noch viel vor uns, aber man konnte auch schon schöne Resultate der Arbeit sehen. Mein Stefan hatte da draußen das Kommando übernommen, kümmerte sich um alles und passte auf, dass sich keiner schwer verhob oder was falsch einsortierte in die Schrottcontainer. Ich bin keine, die da wegen 300 Gramm Fahrradspeichen neu wiegt und rechnet, wissen Se, die Schrottgebrüder sollten schon auch zurechtkommen. Aber über den Nuckel ziehen lässt sich eine Renate Bergmann nicht, was aus Kupfer oder Bronze war, das ließen wir extra wiegen. Dass Bronze gutes Geld gibt, weiß man doch. Wenn man ein paar Hundert Folgen »Bares für Rares« geguckt hat, darf das doch nicht gänzlich umsonst gewesen sein!

Wohin man trat, stolperte man über irgendwelche Strippen und Schnüre, die Gunter als Rankhilfen durch den ganzen Garten gezogen hatte. Das war reineweg lebensgefährlich! Das räumten wir alles fein säuberlich ab. So was können Se ja auch nicht auf den Komposthaufen werfen. Die meisten Strippen sind doch aus Kunststoff, die vergehen in langen Jahren nicht. Gunter hatte damit offenbar seit Jahrzehnten Tomaten oder was auch immer angebunden, aber nie für Ordnung gesorgt und was weggeschmissen. Wir mussten also das ganze Gestrüpp, das wir rodeten, erst noch von Schnüren befreien. Vier große blaue Müllsäcke voll hatten wir beieinander, denken Se nur!

Zwischen den Stauden und Johannisbeersträuchern waren Drähte gespannt. Was die für einen Sinn hatten, wusste Habicht. Ganz süffisant grinste er und erklärte: »Damit hat Gunter die Blattläuse verjagen wollen. Rupft ihm seine Anlage mal lieber nicht raus, da wird er fuchsteufelswild«, mahnte er. Er ließ mit seinem Blick aber keinen Zweifel daran, dass er das für Blödsinn hielt.

»Die Anlage bleibt!«, sprach Gertrud entschlossen. »Es ist immer noch Gunters Garten. Renate, du regierst hier, als wäre es dein eigenes Reich. Du lässt keinen Stein auf dem anderen und würdest am liebsten die Bäume rausreißen. Aber überleg doch mal, was Gunter denkt, wenn er wiederkommt? Der kennt seinen eigenen

Garten doch gar nicht wieder. Der Blattlausröster bleibt, und basta!«

Na, mir blieb ja der Mund offen stehen vor Staunen. Da hatte es mir mein Trudchen aber gegeben! Ich hatte extra immer nachgefragt, bevor ich was wegschmiss, aber nun gut. Ihr ging das bestimmt auch alles ein bisschen an die Nerven. Ich kann Kritik aber gut ab, erst recht von Gertrud. Wenn die was sagt, ist meist auch was dran. Vielleicht war ich wirklich ein bisschen zu weit gegangen. Ja, man durfte es nicht übertreiben. Ordentlich aufräumen und Grund reinbringen war dringend geboten, aber Gunter musste tatsächlich noch erkennen, dass er in seinem eigenen Zuhause war. Kennen Se diese Sendungen im Fernsehen, wo die Leute die Wohnung renoviert kriegen? »Einmarsch in vier Wänden« oder so heißt das. Meist sitzt da eine Familie mit vielen Kindern in einer geerbten Bruchbude voller Dreck und Müll kurz vorm Abriss. Es wird ein bisschen über unheilbare Krankheiten erzählt und herzerweichende Musik gespielt wie bei einer Spendengala mit Carmen Nebel, und dann kommt eine Handwerkermannschaft, reißt Wände ein und rückt den Grundriss neu zurecht. Zum Schluss tüddelt eine Moderatorin noch die ganze Hütte mit Dekoplunder aus dem Schwedenmarkt voll. Da gucken die Leute auch immer ganz eingeschüchtert, wenn sie das erste Mal reinkommen, und stoßen sich den Kopf an. Die finden sich im eigenen Haus nicht mehr zurecht und prellen sich die Hüfte, wenn sie pullern gehen wollen, weil da, wo früher die Toilette war, jetzt ein Kamin steht. Na, so sollte es Gunter nicht gehen, da hatte Gertrud schon recht.

Ich sagte ihr das auch und versprach, dass ich von Stund an ein bisschen behutsamer beim Umgestalten sein wollte.

Es war aber wirklich alles viel zu viel für einen alten Mann. Man muss nicht jeden Kram aufheben! Ich wette mit Ihnen, Gunter wusste gar nicht, dass er sieben Spaten besaß! Der hat in seinem Chaos nur nie einen gefunden und deshalb immer wieder neue ... gekauft oder anderweitig irgendwie besorgt. Also, ausgeborgt und nicht wieder zurückgebracht. Der Spaten ist nur ein Beispiel, Gunter hatte von allem Plunder viel zu viel rumliegen. Er nahm auch immer Samen ab von allem möglichen Gemüse, das er dann vergaß oder nicht mehr wiederfand. Wir haben das alles entsorgt. Kürbis keimt doch nicht mehr, wenn er über den strengen Winter '79 im Schuppen gelegen hat! Tüten, Säcke, Gläser ... aber wir förderten auch wahre Schätze zutage. Er hatte zum Beispiel Farbverdünner in einer Kristallkaraffe gelagert, die war aus echtem Böhmischen Kristall, überlegen Se sich das mal! Die brachte 58 Euro bei der Interwebsauktion.

Wir hatten am Ende des Tages nicht nur Licht und Luft im Garten, sondern auch so viele Euros für den Schrott bekommen, dass ein erkleckliches Sümmchen für neue Hochbeete und Pflanzen beisammen war. Nun hatten wir erst mal einen Blick, wie es um den Garten bestellt war. Nachdem der Schrott raus war, sah man klarer. Durch die Hecke und Bäume kam wieder Luft an alles, was wachsen und sprießen wollte, und die Laube war auch halbwegs sauber. Jetzt konnten wir uns um die Beete, das Gemüse und die Blumen kümmern. Der Garten wirkte viel größer als vorher, wo nun ein bisschen Platz zum Treten war!

Aber man sah nun auch, dass die Bäume und die Hecke dringend geschnitten werden mussten. Eigentlich war die Zeit dafür schon vorbei. Das macht man im Spätwinter bis Anfang März. Es war allerdings ein wirklicher Notfall. Die Bäume waren schon seit Jahren nicht ausgeästet worden. Daran konnte man sehen, dass es Gunter wohl schon länger im Rücken hatte. Er war schon ewig nicht mehr auf eine Leiter gekrabbelt, nicht mal mit zwei Korn gegen den Schwindel, wie ich das immer mache beim Fensterputzen. Dem saß der Schmerz so im Kreuz, dass er mit viel Mühe die Stachelbeerbäumchen und die Johannisbeersträucher in Form gehalten hatte. Die standen eins a da und sahen aus wie der Primus in der Baumschule, da gab es nichts zu kritisieren, aber bei den Bäumen tat ein Schnitt not.

Kurt bot sich an zu helfen.

Man kann viel über Kurt sagen, aber hilfsbereit ist er, und vom Bäume-Verschneiden hat er auch Ahnung.

»Kurt?«, fragen Se jetzt bestimmt. »Den Kurt hat sie schon ein paarmal erwähnt, aber wer ist das eigentlich?«

Passen Se nur auf, ich erzähle es Ihnen: Kurt ist der Mann meiner Freundin Ilse. Die beiden Gläsers sind herzensgute Menschen, auf die ist immer Verlass. Ilse hat Kurt gut im Griff, das macht eine anständige Ehefrau schließlich aus. Kurt sagt immer, er kann tun und lassen, was Ilse will. Wir fahren gemeinsam einkaufen und zum Doktor, ach, na, alles solche Sachen, die man als alter Mensch so macht. Ilse ist mein Jahrgang, also auch zweiundachtzig, und Kurt ist siebenundachtzig. Er hat es an den Augen, aber sonst ist er prima in Schuss für einen Herrn seiner Jahre.

Genauso verhält es sich auch mit Kurts Garten. Seine Obstbäume tragen jedes Jahr reichlich; er hat immer gesunde, große Früchte, ganz egal, ob Pfirsiche, Kirschen oder Pflaumen. Aber nicht nur mit Baumschnitt kennt er sich aus, er weiß auch prima Bescheid, was man bei Maulwürfen tut. Kurt ist immer am Schnippeln, Graben, oder er bindet was an. Wenn einer so einen grünen Daumen hat wie er, ist irgendwann die letzte Rasenkante mit der Nagelschere geschnitten, und dann muss Ilse aufpassen, dass ihm nicht langweilig wird. Männer, denen langweilig wird, kommen nur auf dumme Ideen. Kurt hat eine Gartenzeitung abonniert, die er jeden Monat genau studiert. Alle Tipps und Tricks probiert er aus. Kurt macht nicht nur stinkende Brennnesseljauche, nee, er setzt aus allen möglichen Kräutern Extrabrühe an, wenn die das in seinem Ratgeberheft empfehlen. Im Mai hat er gelesen, dass Ringelblumenjauche wohl besonders gut für Tomaten sein soll, und ist mit der Sichel gleich ab ins Beet. Na, da war Ilse aber auf hundertachtzig! Wissen Se, die sät sich die Ringelblumen extra aus und hegt und pflegt sie mit Hingabe, weil sie Salbe aus den Blüten kocht. Aus Schmalz und Ringelblumenblüten rührt sie die feinste Einreibe, die gegen so manches Zipperlein hilft, und das schon seit Jahrzehnten, und dann? Dann kommt der Kurt und senst ihr die schönen Blumen weg! Na, da war aber Ruß im Gebälk bei Gläsers. Kurt bekam keinen Pudding zum Nachtisch, die ganze Woche lang. Männer! Wenn die nichts Richtiges zu tun haben, machen sie nur Dummheiten. Ilse und ich haben uns aber beratschlagt – wissen Se, dafür ist eine Freundin doch da. Wir haben bisher immer eine Lösung für jedes Problem gefunden, und so auch dieses Mal.

Gläsers Garten war prima in Schuss, deshalb war Kurt mit Gießen und Unkrautzupfen meist nach einer Stunde fertig. Den Rest des Tages saß er auf der Veranda, guckte dem Unkraut beim Wachsen zu und studierte seine »Gärtnerbibel«.

»Habt ihr denn gar keine Maulwürfe, die er jagen kann?«, fragte ich Ilse. Opa Strelemann verbrachte ganze Nächte mit dem Spaten im Garten, um Maulwürfe zu jagen, und war so gut beschäftigt. Das darf ja heute alles nicht mehr sein, wegen Naturschutz und so, aber erschrecken und vertreiben darf man sie ja wohl, wenigstens mit Bio. Mein Walter hat seinerzeit den halben Garten mit Knoblauch bepflanzt und auch Buttermilch in die Gänge gekippt und Fischköpfe vergraben. Dem habe ich aber bald ein Ende bereitet, wissen Se, wie sieht denn das aus! Fischköpfe im Garten, die Leute mussten ja denken, da hausen Leute, die es mit der Ordnung nicht so genau nehmen! Zumal Katerle die Dinger immer wieder ausgrub, einen Teil genüsslich verzehrte und mir den Rest stolz als Beute auf den Fußabstreifer legte.

Ilse guckte ganz entrüstet, als ich mich erkundigte.

»Aber Renate! Wir und Maulwürfe? Was denkst du denn! Kurt hat den ganzen Garten zu einem Hochsicherheitstrakt umgebaut. Hier traut sich weder eine Wühlmaus noch ein Maulwurf rein«, sprach sie.

Ja, das stimmte. Kurt hatte jeden, aber auch wirklich jeden Trick, den man gegen Maulwürfe empfahl, umgesetzt. In den Beeten steckten Flaschen, in denen sich der Wind verfing. Durch die Pfeifgeräusche sollten sich die Viecher gestört fühlen und die Flucht ergreifen. Sogar Radiolautsprecher hatte er im Garten aufgehängt. Die halfen ein bisschen gegen die Stare in den Kirschen – jedenfalls mochten die Stare die Flippers nicht. Die Maulwürfe nahmen beim Herrn Gabalier Reißaus, was ich gut verstehen kann. Bei Helene Fischer zwitscherte nicht nur die Nachtigall begeistert mit, sondern auch Ilse. Kurt verteilte vorsorglich auch Haare an allen Ecken und Enden des Gartens. Er frickelte jeden Morgen aus Ilses Bürste, was darin hängen geblieben war. Aus seinem Kamm ist ja seit Jahren nicht mehr viel zu holen. Maulwürfe können angeblich den Geruch von Menschenhaar nicht ausstehen. Na, wie dem auch sei – welche der vielen Maßnahmen von Kurt nun gegen den Maulwurf und die Wühlratten half, wusste man nicht so genau, aber in Gläsers Garten war keine angeknabberte Möhre und kein einziger Maulwurfshaufen zu finden.

»Darauf ist er sehr stolz, der Kurt«, sprach Ilse und nickte. Ihr Nicken wurde langsamer, wissen Se, so wie bei jemandem, bei dem sich der Groschen bewegt. Dann hörte sie auf zu nicken und guckte mich groß an. Ein ganz, ganz feines Lächeln huschte um ihre Mundwinkel.

»Du meinst ...?«, fragte sie, und ich musste gar nicht viel sagen. Ja, es heißt so oft, gerade von Stefans Seite her, dass ich die Leute auf dumme Gedanken bringe oder ihnen Flöhe in den Kopf setze. Das stimmt gar nicht! Im Fall von Ilse reicht es, wenn ich die richtigen Fragen stelle, dann kommt sie schon von ganz allein auf die entscheidenden Ideen.

Wir haben dann einen Sack Blumenerde besorgt, den Ilse natürlich gut verstecken musste. Der Steintopf in der Speisekammer, der ganz große, wissen Se, der war wie gemacht dafür! Von dem Tag an hat Ilse jeden Morgen, wenn Kurt beim Bäcker war, einen Messbecher voll Blumenerde genommen und auf dem Rasen einen falschen Maulwurfshügel gebaut. Immer schön in die Mitte, sodass Kurt ihn auf keinen Fall übersehen konnte. Na, da war es aber vorbei mit der Langeweile. Kurt verschärfte stehenden Fußes die Maßnahmen. Ilse sollte sich gleich noch mal kämmen, weil Kurt Haare nachschütten wollte, aber da das nicht sehr ergiebig war, fuhr er zu Heiner Köppen. Der Heiner ist Friseur. Er ist Kurts Jahrgang und mit ihm im Karnickelverein, die beiden kennen sich seit ... ach, wollen wir mal nicht nachrechnen. Heiner hat Arthritis und sieht ähnlich gut wie Kurt, deshalb darf er nur noch seinen alten Freunden die Haare schneiden. Er wuselt aber bis heute im Geschäft der Schwiegertochter mit rum, und wenn ein älterer Herr kommt, darf er ran an die Schere. Wissen Se, nach so vielen Jahren im Beruf kennt er sich aus und kriegt auch einen schönen Fassonschnitt hin, wenn er nichts sieht. Das hat der im Gefühl, genau wie eine Hausfrau die Kartoffeln ohne Löffel salzt: Man merkt einfach, wenn es genug ist. Heiner hat Kurt eine Tüte zusammengefegter Haare aus dem Salon gegeben, die er großzügig im Garten verteilte. Kurt verbuddelte die Strähnchen von Traudel Kuhfuß überall da, wo er Gänge des Maulwurfs vermutete. Er düngte die Kaiserkrone – angeblich mögen Maulwürfe dieses Gewächs überhaupt nicht – und baute Windspiele auf, die ein bisschen klapperten. Gläsers Garten sah aus! Einmal hat eine Frau geklingelt und wollte ihre Zweijährige auf die Warteliste setzen lassen, weil sie dachte, es sei der Kindergarten. Aber ein Garten darf ruhig fröhlich und bunt sein. Trist und mit Steinkante hat man es später auf dem Friedhof noch früh genug. Ilse nahm das auch alles hin, solange Kurt nicht an ihre Ringelblumen ging.

Der Rasen von Ilse und Kurt lag da wie ein frisch geklopfter Teppich. Selbst englische Lords wären vor Neid erblasst, hätten sie das gesehen. Kurt warf jeden Morgen noch im Schlafanzug einen Kontrollblick aus dem Fenster. Wenn Gläsers Termine hatten und zum Doktor mussten oder einkaufen, beließ Ilse es bei der guten Stimmung, aber wenn nichts auf dem Kalender stand und die Gefahr bestand, dass Kurt aus Langeweile Dummheiten macht, griff sie zum Messbecher mit der Blumenerde. Danach war Kurt den Tag über wieder gut beschäftigt und kam nicht auf schräge Gedanken. Ilse bekam ihre Ringelblumen noch zur zweiten Blüte und kochte sich aus Schweineschmalz und den Blütenköpfen ihre Einreibe. Kurt wurde der angesehenste Maulwurfjäger der Nachbarschaft, und dem Rasen tut es im Grunde nur gut, wenn man ab und an ein bisschen Blumenerde einharkt. Es war für alle eine prima Lösung.

Kurt half uns gern und mit Freuden beim Ausästen der Obstbäume. Nun werden Se denken: »Um Himmels willen, die olle Bergmann wird doch wohl nicht zugelassen haben, dass ein Mann von siebenundachtzig Jahren und mit 17 Dioptrien auf eine Leiter klettert und Äppelbäume verschneidet!« Da kann ich Sie beruhigen. Kurt hat so ein Gerät, mit dem er vom Boden aus an die toten, überflüssigen und wilden Zweige und Äste rankommt. Es ist eine Art Teleskopstange mit Säge, müssen Se sich vorstellen.

Kurt kam vorbei, um sich einen Überblick zu verschaffen und uns zu beraten. Wir hörten ihn schon vorm Haupteingang einparken, wissen Se, wenn Kurt den Rückwärtsgang einlegt, heult der Wagen immer ein bisschen auf, weil er beim Schalten Zwischengas gibt. Norbert drehte geradezu durch und war nicht mehr zu halten. Kurt hat nämlich aufbegehrt gegen Ilse und das Duftbäumchen aus dem Koyota rausgeschmissen. Von Vanille kriegt er Kopfschmerzen, sagt er, und er kann sich nicht richtig konzentrieren auf die Autofahrt. Da die Sache mit seinen immer schlechter werdenden Augen und dem steifen Knie sowieso eine brenzlige Angelegenheit ist, traut sich Ilse nicht, was dagegen zu sagen. Kurt hat statt des fein duftenden Bäumchens, das Ilse und ich ab und an zur Auffrischung sogar mit ein paar Spritzern Kölnischwasser parfümiert hatten, eine kleine Rentiersalami an den Rückspiegel des Wagens gehängt. Er sagt, der Duft macht ihm gute Laune, und außerdem hat man so immer einen Notbissen im Auto, wenn man vielleicht mal liegen bleibt mit einer Panne und der ACDC einen warten lässt. Dagegen lässt sich schwer was vorbringen, schließlich darf man weder Kurts Gesamtverfassung aus dem Gleichgewicht bringen, noch lässt sich was gegen einen Überlebenshappen für den Notfall sagen. Noch ist alles in Ordnung, wissen Se, Kurt kam erst um die Adventszeit herum auf die Idee. Wie das im Sommer wird, wenn der Wagen in der brütenden Sonne steht, mag ich mir nicht ausmalen. Aber das muss Ilse mit ihm erörtern, ich halte mich da raus. Norbert dreht jedenfalls reineweg durch, wenn Kurt mit dem Koyota auch nur in die Nähe kommt. Das liegt nur an der Wurst, wissen Se, üblicherweise fährt der Hund nicht gern Auto. Er verträgt das nicht gut, man muss dann immer ... aber es gibt ja diese praktischen feuchten Reinigungstücher.

»Au, au, au ...«, murmelte Kurt und fasste sich ans Kinn. »Au, au, au ...« Mehr gab er bei der Gartenbesichtigung anfangs nicht von sich. Beim Apfelbaum sagte er sogar: »Mann, Mann, Mann!«, und schüttelte den Kopf.

»Frauen, da haben wir aber zu tun. Das wird höchste Eisenbahn. Eigentlich hätte das im Winter gemacht werden sollen, aber nun gut, klagen wir nicht über vergossenen Wein. Da müssen wir sofort ran. Die Bäume haben ja noch nicht ausgetrieben, das könnte unser Glück sein. Aber wir müssen gleich morgen anfangen.«

Der Habicht stand schon wieder vor der Hecke auf dem Hauptweg und sperrte ungeniert die Ohren auf. Er bildete sich ja ein, dass er in der Kolonie was zu sagen hatte, und deshalb machte er auch gar keinen Hehl daraus, dass er alles beobachtet und belauscht hatte. Das war ihm überhaupt nicht peinlich, er betrachtete es nicht nur als sein Recht, sondern geradezu als seine Pflicht.

»Tach, Herr Gläser. Huhu, hier bin ick!«, brüllte er.

Eine Frechheit. Kurt war nicht taub und nun auch wirklich nicht so blind, dass er Günter Habicht mit seiner gelben Jacke und dem grünen Hut hätte übersehen können. Mit Kurt und Ilse war ich letztes Jahr ... aber das habe ich ja schon erzählt. Daher kannten die beiden sich, wissen Se.

»Wenn Sie da schon die Säge ansetzen, dann machen Sie die Hecke aber gleich mit. Eins zwanzig bitte. Im Kleingartengesetz steht eins fünfundzwanzig, aber ich kenne das. Der Zollstock der Pächter ist meist krumm. Schneiden Sie zur Sicherheit auf eins zwanzig runter, dann kriegen wir beim Kontrollgang auch kein Problem miteinander.«

Herrje! Ich sah ihn sozusagen schon mit der Messlatte vor Kurts Heckenschere rumspringen, diesen pingeligen Stiesel.

Ich besprach das am Abend alles noch in Ruhe mit Ilse am Telefon, dass Kurt die Bäume ausästen wollte. Wissen Se, Kurt verspricht manchmal zu helfen, und dabei hat Ilse ihn fest eingeplant und ist dann böse, wenn er nicht zu Hause ist. Wie damals, als er Stefan unbedingt zur Hand gehen wollte, als die Bilder an die Wand sollten. Ich hatte das unvorsichtigerweise erwähnt, und Stefan fiel auf die Schnelle keine überzeugende Ausrede ein, die Kurt davon abhalten konnte, am nächsten Morgen mit seinem Handwerkerkittel und der Bohrmaschine bei dem Jungen vor der Tür zu stehen.

Um halb sieben.

Am Sonnabend.

Nach dem siebten Versuch stimmte das Bohrloch auch, und Stefan konnte das Minenfeld gut zugipsen und den Schaden mit dem großen Bild halbwegs verhängen.

Ilse war danach wochenlang verschnupft, sie hatte Kurt nämlich eigentlich zum Wollewickeln eingeplant. Dieses Mal gab sie ihm aber großmütig frei. »Das tut ihm gut, wenn er sich mal austoben kann.« Das Gleiche sagte Gertrud auch immer über Norbert.

Also ging es am nächsten Morgen den Bäumen ans Geäst. Kurt kam mit dem Koyota zu uns in die Gartensparte und holte Gertrud, Norbert und mich ab. Das macht Kurt gern, wissen Se, und uns sparte es die Busfahrt. Es ist ja doch immer beschwerlich, mit dem großen Gelben zu fahren. Heutzutage steht doch keiner mehr auf für eine alte Frau und bietet einen Platz an! Da nimmt man Kurts Taxidienst gern an. Inzwischen sind wir auch alle an die ruckelige Fahrweise gewöhnt. Nicht mal der Hund bringt sein Frühstück mehr hoch, wenn Kurt bremst, im Gegenteil. Norbert starrte wie gebannt hechelnd auf die Rentiersalami am Rückspiegel und gab die halbe Fahrt über Pfötchen in der Hoffnung, sie zur Belohnung zu bekommen.

Gertrud hatte über den Habicht einen elektrischen Häcksler von Familie Ziegenbart vom Nelkenweg geliehen. Da hätte man die Ziegenbärte auch direkt fragen können, aber wir sind ja gewieft und regelten das über den Habicht. So wusste der gleich, dass wir ein bisschen Krach machen würden, und das ersparte ihm und uns eine große Aufregung. Kennen Se so einen Gartenhäcksler? Das sieht man oft in diesen Sendungen über Massenmörder in Amiland. Mit den Dingern zerkleinern die gern ihre Leichen. So ein Gerät zerhackt aber auch Äste und Zweige zu Kompostmaterial von verrottbarer Größe. Kurt packte Heckenschere und Astsäge aus und schnippelte los. Gertrud war unsere Fachfrau am Häcksler, die schob alles rein, und ich reichte an. Norbert hatte damit zu tun, den lärmenden Schredder wie blöde anzukläffen. Einen Baum nach dem anderen beschnitt Kurt. Das ging prima mit der Teleskopsäge, das muss man wirklich sagen! Die Hecke ließen wir bis zuletzt stehen und beschnitten sie erst, als alles fertig war. Der Habicht scharwenzelte die ganze Zeit den Hauptweg hoch und runter, aber da er noch nicht über die Hecke gucken konnte und der Ziegenbart'sche Häcksler so laut war, bekam er nicht viel mit. Das machte ihn ganz verrückt. Wenn der nicht weiß, was nebenan los ist, wird der erfinderisch, und so flog über unserer Parzelle plötzlich eine Drohne. Er hatte eine Drohne! Kennen Se eine Drohne? Nee, kein Bienenmännchen, das nur zu Befruchtung da ist (im Grunde wie der Pizzafahrer von meiner Nachbarin Frau Berber). Ich meine so eine kleine Kamera, um die ein bisschen Gestänge geschraubt war und die der Habicht mittels einer Fernsteuerung durch die Gärten fliegen lassen konnte. Derweil guckt der auf einen Bildschirm und sieht, was die Kamera filmt. Eine Unverschämtheit im Grunde und bestimmt auch nicht vom Gesetz gedeckt. Der durfte das gar nicht! Aber wenn einer deswegen den Mund aufmachte, zog er nur die Brauen hoch und sagte: »Beschweren Sie sich doch, Sie werden schon sehen, was dann passiert!« Der drohte, ohne dass er es aussprach, mit Kündigung. Das durfte man sich eigentlich nicht gefallen lassen, das ging so nicht. Aber so begehrt, wie ein Gärtchen ist, scheuten viele den Ärger und hielten still. So was ist bestimmt verboten, also, ich kann es mir auf jeden Fall nicht vorstellen, dass das legal ist, die Nachbarn mit einer Kamera auszuspähen. Gertrud streckte dem Ding, als es allzu nah kam, ganz ungehörig die Zunge raus, da drehte der Habicht dann damit ab.

Kurt gab sich wirklich große Mühe. Alle Wassertriebe

nahm er aus den Bäumen, aber auch totes, knorriges Holz. Vieles war schon so verwachsen, dass er einen radikalen Schnitt ansetzen musste. Er achtete auch darauf, bei den Bäumen so viel wie möglich oben wegzunehmen und die Äste, die man ohne Leiter erreichen konnte, zu lassen. »Damit dein Gunter dir die Süßkirschen auch pflücken kann, ohne die Stufen hochzusteigen, Pottersche«, meinte er grob, aber liebevoll zu Gertrud.

Sie machen sich ja kein Bild, was für einen Berg an Gehäcksel wir hatten! Das gab einen gaaaanz großen Komposthaufen, da hatte Gunter im nächsten Jahr Massen an schönem Dünger.

Erst ganz zum Schluss machte sich Kurt an die Hecke. Er nahm aber nur das tote Holz raus und kappte oben ein bisschen was, wissen Se, so eine Hecke ist ja auch Lebensraum für vieles Kleingetier. Nicht nur, dass schon ein Vogelpärchen ganz aufgeregt schimpfte, nee, unten in der Hecke hatte sich auch ein Igelchen versteckt. Norbert bellte es an und wollte mit ihm spielen, aber trotz seines schlichten Gemüts war er schlau genug, es nicht mit der Schnauze anzutupsen.

Bei allen Aufräumeinsätzen galt es zu beachten, dass Gunter ja auf den kleinen Flächen zwischen den Schuppen schon gepflanzt hatte. Man musste also gut gucken, wo man hintrat. Wenn ich in die anderen Gärten guckte, hatten viele Leute fast nur Rasen und als Alibi ein paar Reihen Kartoffeln, die als Gemüse zählten. Gunters Rasen war eine Art Acker, auf dem man sich ständig die Füße umknickelte. Durchzogen von Wurzeln und Wühlratten, nee, da mussten wir sowieso mit schwerem Gerät ran und wahrscheinlich alles umgraben. Unser Rasen war noch weit weg davon, so auszusehen wie der in manch anderer Parzelle.

Nebenan im Nelkenweg – das war gleich der nächste Abzweig vom Hauptweg vorne – hatten Fuchsigs ihren Garten. Das war im Grunde ein halber Fußballplatz mit ein paar Sträuchern und Stauden am Rand. Fuchsigs hatten sogar eine gemauerte Schwelle an der Gartenpforte, die einzige in der ganzen Kolonie. Die Leidenschaft von Herrn Fuchsig war der Rasen. Er durfte nur barfuß oder mit Hausschuhen betreten werden. Kein Kleeblatt, kein Gänseblümchen verirrte sich zwischen die perfekt ausgerichteten und gestutzten Luxusrasenstängel. Der Garten sah regelrecht gruselig aus. Man konnte die Bienchen und Hummeln, die da vergeblich nach einer Blüte Ausschau hielten, geradezu wehklagen hören, wenn sie sich zu uns auf den Löwenzahn setzten und tüchtig zulangten. Herr Fuchsig war so einer, der nach der Rumpelstilzchen-Methode arbeitete: Bloß kein Bein rausreißen. Er hatte, so erzählte er stolz, einen Roboter, der für ihn mähte. Ein spezielles Gerät, das er extra aus Kalifornien importiert hatte, wo es für die Pflege von Golfplätzen entwickelt worden war. Ein bisschen spinnert war er, der Fuchsig, kaufte eine Rasenmähmaschine vom Ami und stand dann mit seiner Bierflasche in der Hand daneben und guckte dem Ding bei der Arbeit zu. Das Hemd stand ihm offen, nicht nur der Hitze wegen, sondern weil es am Bauch so spannte, dass das gar nicht mehr zuging. Das Gerät war ein bisschen größer als eine Schildkröte und erinnerte mich sehr an den automatischen Staubsaurier von Ilses Tochter. Sauger. Mit dem Ding hatten wir keine guten Erfahrungen gemacht, ich darf gar nicht daran denken, dann geht mir gleich wieder der Puls hoch. Ausgebüxt ist uns die Maschine, als Ilse und ich in Sigrids Urlaub nach Post gucken waren!

Frau Meiser, die bei mir mit im Haus wohnt, hat auch so ein Geschoss. Als das mal in den Flur entwischt ist, ist Katerle aufgesprungen und mitgefahren. Mir sind solche Geräte nicht ganz geheuer. Ich brauche so einen Quatsch nicht mehr in meinem Alter, ich habe, anders als die jungschen Dinger, gelernt, mit einem Besen umzugehen. Damit kommt man auch in die Ecken! Bei solchen angeblichen Zauberkisten muss man hinterher doch auf die Knie und in den Winkeln nachwischen, mir machen die nichts vor. Eine Renate Bergmann weiß Bescheid!

Der Fuchsig hatte jedenfalls so ein Ding für den Garten, und der wischte nicht, sondern mähte den Rasen raspelkurz. Er erklärte Gertrud, dass er als Grenze für den »Mecki«, so nannte er den Mäher liebevoll, einen Draht an der Rasenkante vergraben hatte. Für seinen Rasenmäher hatte er einen Kosenamen, seine Frau nannte er jedoch »Mama«. Um die gab es ein kleines Missverständnis, als wir uns das erste Mal mit ihm unterhielten, denn da sagte er: »Meine Frau ist ein Engel.« Gertrud wurde gleich hellhörig und hakte nach: »Ich wusste gar nicht, dass Sie Witwer sind?« Der Fuchsig machte kurz große Augen und beeilte sich dann zu erklären: »Nein, nein, nicht, wie Sie denken. Sie ist gesund und munter, ich wollte nur sagen, dass die Mama ein guter Mensch ist.«

Da können Se sich ungefähr ein Bild machen von Herrn Fuchsig, mehr muss man da wohl nicht sagen. Ich bitte Sie, jemanden, der seine Frau »Mama« nennt, kann ich doch nicht ernst nehmen. Noch dazu hielt er sich für unwiderstehlich. Wann auch immer seine Frau mal nicht mit im Garten war, besuchte er benachbarte Gartenfreundinnen und beglückte sie mit Ablegern von seinem »Tränenden Herz«. Er kam mit dem Senker und einer Flasche Rotwein und versuchte so, bei den Damen »zu landen«, wie die jungen Leute heute sagen. Na, da war ich froh, dass wir abends nach Hause fuhren. Der hätte doch Gertruds Hormone bloß wieder in Flammen gesetzt!

Fuchsig referierte langhin, und Gertrud hörte mit abflauendem Interesse zu. Der Draht, der an der Rasenkante entlang verbuddelt war, markierte für die Mähmaschine die Grenze. Da fuhr das Ding nicht drüber hinweg, keinen Zentimeter. Das ging wohl irgendwie mit Funk und Strom, fragen Se mich nicht. Herr Fuchsig hatte beim Auslegen des Drahtes Hilfe von Günter Habicht und nicht richtig auf den aufgepasst. Der Habicht hat jedenfalls schluderig gearbeitet und auf seiner Seite den Draht ein kleines bisschen schief verlegt. So muss das Kabel unterirdisch an einer Stelle ein Stück weit nach innen gerutscht sein, sodass er da einen Streifen von vielleicht zehn Zentimetern nicht richtig mit mähte. An einer anderen Stelle hatte Habicht die Drahtstrippe zu weit Richtung Blumenrabatte gelegt, und nun raspelte der Mecki immer auch einen Streifen vom Seegras weg, das da gepflanzt war. Das machte Herrn Fuchsig ganz ebenso, also fuchsig, hihi, und deshalb hatte er den Habicht zum nächsten Arbeitseinsatz zu sich beordert. Bei ein paar Flaschen Bier wollten sie den vergrabenen Draht umsetzen. Herr Fuchsig kam gar nicht in den

Schlaf ob des liederlichen Zustands seiner Rasenkante! Er hatte schon Rollrasen bestellt, von dem dann, als sie nachgebessert hatten, ein halber Quadratmeter übrig blieb. Herr Fuchsig bot ihn überall an. Sonst hat er ja nie was abzugeben wie die anderen Nachbarn, die sich mal ein paar Tomaten vorbeibringen oder einen Korb voll Quitten. Aber was macht man mit einem halben Quadratmeter Rollrasen? Meine Tochter Kirsten hätte sich vielleicht eine schöne Salatsoße dazu gemacht und ihn zum Abendbrot verspeist.

Das genaue Gegenteil von Fuchsig buddelte auf Parzelle 6 – also keine direkte Nachbarschaft, aber mit bei uns im Rosenweg. Dort wuselte Elisabeth von Schlehdorn vor sich hin. »Eine Frau mit Vergangenheit« hätte meine Mutter sie genannt. Sie kennen mich ja schon ein bisschen und wissen, dass ich nun gar nicht für diese Duzerei bin, aber bei Elisabeth hatte nicht mal ich, die sich nun wirklich durchzusetzen weiß im Leben, eine Chance, auf dem höflichen und respektvollen »Sie« zu bestehen. Die ließ einen gar nicht zu Wort kommen, sondern setzte sofort zu einem sehr langen Vortrag über ihre Revolutionspläne an. Sie duzte hemmungslos alle und jeden, und sie sprach vom Herrn Brandt respektlos als »Willy« und in einer Art, als hätte sie ihn persönlich gekannt. Dabei war ich es, die erst neulich von seinem Grab das Laub weggeharkt hat! Er liegt nämlich in Zehlendorf, wissen Se, gleich um die Ecke von der Knef. Zum Geburtstag laufen die Großkopferten da auf mit Tamtam, protzigen Kränzen und Fotografen, aber unterm Jahr harkt keiner regelmäßig. Das ist für mich aber nun wirklich keine große Mühe, da bin ich in Übung. Elisabeth war das, was man wohl eine alt gewordene 68erin nennt, und trug die Revolution noch immer in sich und sehr gern an jeden heran. Sie kleidete sich mit bunten Wallegewändern, die sie selbst mit Naturfarben im großen Kessel im Garten batikte. In ihrem Kiefer saß grob geschätzt nur noch jeder zweite Zahn, wissen Se, meine Zahnärztin hätte da schon mit was Rausnehmbarem ergänzt. Gegen Büstenhalter hatte sie grundsätzlich was. Sie sprach auch gern über diese Abneigung und nannte das Wäschestück ein Symbol der Unterdrückung der Frauen. »Guck, ich habe Brustsausen«, war ein gern gesprochener Satz von ihr, »je älter ich werde, desto mehr sausen sie runter.« Hinterher schob sie ein lautes, aufdringliches und sehr tiefes Lachen. Ihre Stimme war durch ganz, ganz viele Zigaretten geteert. Wenn sie sprach, klang das nach sehr schwerer Bronchitis. Alles Bürgerliche war ihr fremd. Mir war das ein bisschen ... also, das war kein Umgang für uns. Sicher, wenn es sehr heiß ist, lässt Gertrud auch mal ... nun, sie trägt dann nur Schlüpfer und Kittelschürze. Aber sie spricht nicht drüber und führt es nicht vor. Jedenfalls nicht regelmäßig.

Elisabeth stammte gebürtig aus Schweden. Schwedisch ist eine schöne Sprache. Ich verstehe das nicht, aber es klingt nett. Wenn die Silvia, was ja eine von uns ist, ein paar Sätze sagt, ach, da geht mir immer das Herz auf!

Ich sehe Sie schon wieder fragend gucken.

Na, die Silvia, die Königin von Schweden! Die kennen Se doch. Die, die immer so elegant winkt und so nett lächelt! Jawoll, die ist nicht nur eine Bürgerliche, sondern wurde auch in Deutschland geboren. Dann hat der Carl Gustaf sie weggeheiratet, nach dem Olympia in München. »Jeder nur ein Maskottchen«, hat der Mannschaftsleiter noch gemahnt, aber der Carl Gustaf hat außer dem Plüschdackel noch die Hostess mitgenommen. Na, wie dem auch sei … wie komme ich eigentlich darauf? Ach, ich weiß wieder. Schwedisch ist so eine nette Sprache, davon wollte ich Ihnen erzählen. Nur bei den Worten für Mutter, Oma und Uroma, da klingt es nicht so nett. Überlegen Se mal: Mutter heißt Mor. Das geht ja noch. Oma heißt Mormor, und zu Uroma sagen sie Gammelmormor. Das ist wirklich nicht schön.

Ihren Garten nannte Elisabeth »mein Paradies Tausendschön«, und genau dort, wo jedes Kraut wachsen wollte, durfte es auch gedeihen. Für sie war nichts Unkraut, sondern jede Pflanze hatte eine Seele und das Recht, da zu sprießen, wo sie sich dazu entschlossen hatte. Sie goss das Franzosenkraut und düngte Disteln. Eine Seele von Mensch, aber eben eher so von der Art wie meine Tochter. Genauso liebevoll wie die kümmerte sich auch die Schlehdornsche um Menschen und Tiere, denen es nicht so gut ging. Sie fütterte wilde Katzen und Igel und hatte einen Hund, der das Bein nachzog. Eine Dalmatinerdame. Die Hündin von Frau von Schlehdorn hieß »Ruhe«. Was meinen Se, was wir, Gertrud und ich, uns beide angeguckt haben, als wir das erste Mal gehört haben, dass die Schlehdorn »Ruhe!« brüllte. Es war wirklich mucksmäuschenstill in der Kolonie, wir hatten nicht mal ganz leise das Radio dudeln. Gertrud zuckte regelrecht zusammen und schlich einen Schritt weiter, bevor sie ihre Hacke wieder ansetzte und ganz leise und sachte den Quecken zu Leibe rückte. Das dauerte ein paar Wochen, bis wir mitkriegten, dass die Elisabeth ihren Köter meinte. Da hatten wir sie aber schon als komische Frau eingestuft und mieden den Kontakt zu ihr. Wissen Se, eine, die ständig nach Ruhe brüllt, obwohl alles so still ist, dass man die Vögel zwitschern hört … von so einer hält man sich fern. »Wer weiß, ob die mit den Tabletten richtig eingestellt ist, Renate«, flüsterte Gertrud mir zu. Wie Opa Knabe. Dem hat seine Doktorsche auch mal billigere Pillen aufgeschrieben, und dann hat er den Hund vor den Handwagen gespannt und wollte raus in die Prärie gen Westen. Da mussten sie dann nachdosieren.

Die Elisabeth hatte ihren Dalmatiner »Ruhe« genannt, weil sie es witzig fand, so die Leute zu verwirren. Tja nun. Jedem Tierchen sein Plessierchen, sage ich immer. Wegen komischer Hundenamen musste Gertrud nun mal ganz stille sein, wissen Se, »Norbert« steht auf der Liste der gebräuchlichsten Namen auch weit hinter Hasso, Waldi und Bello.

Im ganzen Tausendschön-Paradies hingen bunte Strippen und Bänder, die die guten und bösen Energien lenken sollten. Jede Woche am Freitag kochte Elisabeth ihre »Suppe der Vielfalt« für eine ganze Kompanie Leute. Da stellte sie den Kessel, in dem sie sonst batikte, aufs Feuer, machte Wasser heiß, und jeder, der wollte, durfte mit Gemüse aus seinem Garten dazukommen. Alle putzten dann, was sie an Wurzelwerk hatten, und warfen es in den Topf. Elisabeth würzte mit allerlei Kräutern und handgeschöpftem Meersalz, bei dem ich mich ja immer frage, ob es von der Möwenschiete so grau ist, und während die Suppe zu Pampe verkochte, reichte sie eine Schischi-Pfeife rum. Schischa. Also, so eine große Wasserpfeife, die allen gute Laune machte. Dann tanzten sie mit ausgebreiteten Armen durch den Dschungel bunter Strippen und sangen mit Krischna für eine bessere Welt. Elisabeth war zeit ihres Lebens sehr engagiert für gute Sachen gewesen. Sie hatte bei eisiger Kälte auf Protestmärschen für den Frieden und gegen die Atomkraft Graupensuppe für dreihundert Leute in der Gulaschkanone gekocht. Elisabeth war schon wegan, bevor meine Kirsten überhaupt wusste, was das ist! Nun, alt geworden, pusselte sie hier in ihrem Paradies vor sich hin und köchelte Friedenssuppe. Ich bin den Umgang mit solchen Menschen von meiner Tochter her gewohnt und schaltete auf »Nicht aufregen, Renate. Links liegen lassen und lächeln«. Gertrud kennt Kirsten ja auch und ist ebenfalls nicht mehr so leicht aus der Ruhe zu bringen, seit Kirsten ihr damals das Schakra für Verdauung punktiert hat und … Sie hat es gerade noch zur Toilette geschafft. Seitdem hält sie Kirsten auf Abstand. So pflegten wir, erfahren im Umgang mit merkwürdigen Leuten, mit Elisabeth höfliche Distanz und nickten nur immer mal rüber. Da wir ja regelmäßig am frühen Abend nach Hause fuhren und nicht in der Laube schliefen, kamen wir auch nicht in die Verlegenheit, uns am Kochen der Friedenssuppe beteiligen zu müssen. Trotzdem brachte ich ihr mal vier Kohlrabi, die schon ein bisschen holzig waren. Wissen Se, man will ja auch nicht als Kriegstreiber gelten.

Jeden Tag nahmen wir uns eine andere »Baustelle« im Garten vor. Man muss das Große und Ganze im Auge haben, aber auch flexibel sein, denn die Natur macht eben, was sie will. Als die Gurken, die Gertrud auf der Fensterbank ausgesät hatte, groß genug waren, mussten wir die an dem Tag pikieren. Eigentlich hatten wir geplant, uns um den Blumenkohl zu kümmern, aber die Gurken mussten umgepflanzt werden. Es war einfach ran, da konnten wir nicht länger warten.

Für junge Pflänzchen, die pikiert werden müssen, kann man prima Eierschalen verwenden. Wussten Sie das? Man nimmt die halben Schalen und füllt sie mit feiner, nicht zu fetter Erde. Da kommen dann die Setzlinge rein, und wenn sie groß genug sind, dass sie ein bisschen Wind abkönnen und ins Freie dürfen, schlägt man die Eierschale noch an und setzt die Pflänzchen mitsamt der Schale ins Beet. So kriegen sie gleich noch ein bisschen Kalkdünger mit. Ja, man muss doch Plaste sparen, wo man kann! Und es kostet nichts. Eierschalen sind prima als Dünger. Man muss sie nur sehr fein verribbeln, sonst sieht es nicht nur liederlich aus, sondern die Pflanzen können es nicht verarbeiten. Das leuchtet ein, denn wenn man Gulasch macht, schneidet man das Fleisch ja auch in kleine Stücke und würgt nicht halbe Rinderkeulen runter. Außer die Frau Berber vielleicht.

Man muss, wenn man sich an so einen Garten macht, ja auch an morgen denken und ein bisschen auch an sich selbst. Gesundes Gemüse und Obst gut und schön, aber wie lange können wir noch krauchen? Und erst recht Gunter! Der hielt sich bestimmt für runderneuert mit seiner Bandscheibe und dachte, er wäre nach der Reha wieder beweglich wie ein jungscher Hüpfer von siebzig. Ich hatte das aber mit der Hüfte schon durch und wusste, dass man nicht zu viel erwarten durfte. Wenn man mit dem Ersatzteil wieder halbwegs am Leben teilhaben kann, ist viel gewonnen. Jünger wird man nicht mehr. Der Zahn der Zeit nagt an uns allen. Daran muss man denken, wenn man schon den Garten neu anlegt. Da sollte man auch darauf achten, dass man die Parzelle altersgerecht gestaltet. Ja, lachen Se nicht! Im Haus und in der Wohnung ist das gang und gäbe, dass man darauf guckt. Keiner würde auf die Idee kommen, mit achtzig in den vierten Stock ohne Fahrstuhl zu ziehen. Und jeder sieht zu, dass keine Schwellen in der ebenerdigen Stube sind, dass die Türen so breit sind, dass man mit dem Rollator durchkommt, und solche Sachen. Im Garten kann man auf so was genauso achtgeben, wenn man ein bisschen überlegt. Warten Se da nicht, bis Se nicht mehr krauchen können, sondern denken Se schon rechtzeitig an die Zukunft, wenn das Kreuz nicht mehr so will!

Deshalb waren Hochbeete auch das Erste, was Gertrud und ich festlegten. Wir waren unbedingt für Hochbeete, bei deren Bau uns Günter Habichts Jugendbrigade tatkräftig unterstützte. Die zimmerten die Dinger aus Holzpaletten ruckzuck zusammen. Wir füllten die Hochbeete mit Mutterboden, Mulch und Kompost und waren sehr zufrieden. Wir machten die Beete nicht so breit. Wissen Se, wir leben ja nicht mehr nach dem Krieg, als es auf jeden Quadratmeter ankam und wir sogar Kartoffeln im Park anbauten, um satt zu werden. Nee, die Beete waren so schmal, dass Gertrud und ich von beiden Seiten gut an die Mitte reichten, ohne uns in abenteuerliche Haltungen zu begeben. Man muss ja nicht den nächsten Hüft- oder Bandscheibenvorfall provozieren, wenn es sich vermeiden lässt. Einen guten Meter, lassen Se es eins zwanzig gewesen sein. So kann man bequem hacken, gießen und ernten, ohne dass man vielleicht noch vorplumpst und sich was bricht. Und genug zu ernten hatten wir bald allemal!

Direkt neben Gunters Garten, auf Parzelle 8, wirtschaftete die Frau Fettel. Die haben Gertrud und ich erst gar nicht wahrgenommen, die kam in der Woche meist erst abends, wenn wir schon weg waren. Aber am Wochenende war sie immer da. Eine sehr nette Frau, ungefähr so in dem Alter wie Frau Berber. Also, hoch in den Neununddreißigern, würde ich schätzen. Eben in den Jahren, wo man abends nicht mehr bis in die Puppen feiern muss, um morgens so auszusehen, als hätte man. Da müssen wir alle durch, die Schwerkraft macht bei keinem eine Ausnahme. Aber im Gegensatz zur Berber war Frau Fettel immer freundlich und für einen kurzen Plausch »über den Gartenzaun« zu haben. Die Berber hingegen ist nur nett, wenn sie sich was davon verspricht. Wenn sie morgens mit guter Laune durch das

Treppenhaus poltert – man hört das ja schon am Gang und auch daran, dass sie der Frau Meiser »Morgileinchen« zuflötet, statt »Morgen« zu brummen –, dann hat bei ihr im Büro meist einer Geburtstag. Bei so was freut die sich wie ein Schneekönig und blüht regelrecht auf. Die schmückt dem Kollegen den Schreibtisch mit Marienkäferchen und einer Kerze, sie pustet Luftschlangen umher und setzt dem Geburtstagskind ein Krönchen auf. Die macht das jedoch alles nur, damit die arme Person sich dann genötigt fühlt, Kuchen mitzubringen. Der Berber geht es nur um den Kuchen, für Kuchen macht die alles, da ist die sogar kurzfristig nett.

Frau Fettel war auch ohne Hintergedanken freundlich und kannte sich prima mit Gärtnern aus. Sie hatte allerlei Tricks auf Lager. Auf den ersten Blick fand ich es ja ein bisschen liederlich, als ich sah, dass sie Toilettenpapier in den Beeten auslegte. Ich dachte schon sonst was! Aber sie ist im Grunde eine reinliche Frau, der ich nicht zutraute, dass sie sich im Beet ... erleichterte. Deshalb habe ich sie gefragt, was es damit auf sich hat. Ach, was meinen Se, wie die gelacht hat! »Nee, Frau Bergmann, also wirklich nicht. Wir haben Spültoilette!«, sagte sie flüsternd und deutete mir mit dem Zeigefinger vorm Mund an, dass ich sie nicht beim Habicht verpfeifen soll. Es gab vor Kurzem ganz großen Ärger deswegen.

In so einer Laubenkolonie belauern sie einander ja wie nirgends sonst. Man kann sich das nicht vorstellen, was da für ein Neid unter den Gärtnern herrscht! Dabei geht es nicht nur darum, wer die dicksten Kartoffeln hat, nee, sie passen auch auf, dass keiner was erlaubt kriegt, was dem anderen verboten ist. Ich dachte bisher immer, wir leben in einem Land, in dem so was wie eine Spültoilette doch recht verbreitet ist. Das gilt aber nicht für Gärten. Da ist eine Toilette mit Wasserspülung ein illegaler Luxus, den es zu ahnden gilt. Was meinen Se, was da los ist, wenn einer mitbekommt, dass der Nachbar ein Wasserklosett hat. Na, da hagelt es sofort anonyme Anzeigen, und es herrscht eisiges Schweigen! Da sind schon Freundschaften dran zerbrochen, die über vierzig Jahre gewachsen waren. Es geht nicht mal um die Toilette an sich, sondern darum, dass sie offenbar von der Vereinsleitung bei dem einen geduldet wird und beim anderen nicht. Da spielen dann wieder Verstrickungen mit rein. Solange der Schwager von der Fettel Vorstand war, musste sie nichts befürchten, da sind alle Meldungen in den Papierkorb gewandert, und keiner hat was gemacht. Aber seit Schwager Fettel das Zeitliche gesegnet hat und sie den Habicht eingesetzt haben, greift der durch. Der kennt keine Verwandten. Schwägerin oder nicht, das ist dem egal. Wenn gespült wird und es laut Satzung verboten ist, dann schreibt der eine Abmahnung. Als daraufhin bei der Fettel nichts passierte, rückte – zack! – nach einer weiteren Frist der Maurer Kalle mit dem Stemmhammer an und wollte den Fettel-Thron wegkloppen. Na, das Gezeter können Se sich nicht vorstellen, was da erklang! »Hausfriedensbruch, Sachbeschädigung, Rechtsanwalt, ich bin versichert, ich schreibe an den Bundestag, das bedeutet Krieg« waren nur ein paar Brocken von dem, was die Frau Fettel dem Habicht um die Ohren gehauen hat. Ich hörte ihr zu und schwieg, wissen Se, man will sich da ja nicht einmischen und noch was Falsches sagen. Am Ende zieht man die

Wut vom Habicht noch auf sich, und er kontrolliert, ob der Spaten auch nicht zwei Zentimeter zu breit ist! Sicher, Regeln sind wichtig, und es ist auch gut, dass kontrolliert wird, ob sie auch eingehalten werden. Aber nicht jede Regel ist noch zeitgemäß und macht Sinn. Dass ein Krankenwagen zum Beispiel laut Straßenverkehrsordnung einen Verbandskasten mitführen muss, ist in meinen Augen großer Blödsinn. Aber so ist es eben bei uns, wenn Se da für jemanden eine Ausnahme machen, schreien zehn andere auch nach Sonderbehandlung, und schon ist das Theater groß. Habicht hatte auf seiner Patrouille sowieso ständig was anzumerken und zu bekritteln.

Jedenfalls erklärte mir Frau Fettel, was sie da machte und wie es geht. Sie wickelte einen knappen Meter vom Örtchenpapier ab, besprühte es mit Wasser und legte dann alle sechs Zentimeter ein Samenkorn auf das feuchte Papier. »Wenn ich auf allen vieren durch die Reihen krieche, sehe ich nie, ob mir schon ein Samen aus der Hand gefallen ist oder nicht. So kriegt man den Abstand viel besser hin und verkrümelt nicht die Hälfte im Beet.« Sie legte den Lokuspapierstreifen dann längs um, sodass die Sämlinge gut bedeckt waren, sprühte noch mal nass und brachte den Streifen so in die Beetreihen aus. »Das Papier verhindert auch, dass die Vögel die Saat rauspicken«, klärte mich die Fettel auf, »und es verrottet recht schnell, wenn man regelmäßig gießt.« Das war ein guter Tipp, den ich mir gern merkte. Das machten wir mit den Mohrrüben auch so. Frau Fettel hatte so manchen prima Rat auf Lager, der uns beiden, also Gertrud und mir, die Arbeit erleichterte. Sie ist so eine, die zwar nicht auf der Bräuteschule war, die aber im Interweb ständig Garten- und Haushaltstipps liest. Das ist sehr löblich. Die weiß gut Bescheid. Dass man Blumenvasen mit Gebissreiniger sauber macht, hat sich ja nun schon rumgesprochen, aber sie föhnt die Vasen auch trocken, wenn sie mit dem Küchentuch nicht reinkommt. Ich habe mich erst gefragt, was das soll, aber wenn man die innen feucht in den Schrank stellt, riecht das nach einer Weile manchmal muffig. Von der Frau Fettel kann sogar eine Renate Bergmann noch was lernen!

Ich brachte auch jeden Tag meine Küchenabfälle für den Kompost von zu Hause mit. Was man so hat, wissen Se: Bananenschalen, Apfelgriebsche, Kaffeesatz, Kartoffelschalen ... da fällt ja doch mehr an, als man denkt. Gerade am Anfang, wenn man den neu aufsetzt, soll man darauf achten, dass es schön bunt gemischte Abfälle sind. Die Bakterien und Käfer sollen ja eine große Auswahl haben, da soll für jeden was dabei sein. Wie ein Büfett im Grunde. Oder wenn ich am Sonntag die Kinder zum Mittagbrot einlade und Rouladen gemacht habe, dann will Stefan Salzkartoffeln dazu, und Ariane und die Mädchen bevorzugen Koketten. Einer will Schokoladenpudding als Nachtisch und der andere Kirschkompott. Ja, da lässt sich eine Renate Bergmann nicht lumpen und macht für jeden, was ihm schmeckt. Das gilt für das Gekrabbel auf dem Kompost wie für meinen Besuch.

Den Kaffeesatz brachten wir nicht auf den Kompost, sondern direkt auf das Hochbeet zum Kopfsalat. Frau Fettel schwor nämlich Stein und Bein, dass Schnecken den Kaffeegrund nicht mögen und deshalb sogar vom

Salat wegbleiben. Ob da was dran ist, weiß man bei diesen vielen Haus-, Bauern- und Mondregeln ja nie so genau, aber wissen Se, wir wollten nicht anecken und befolgten den einen oder anderen Rat, auch um uns mit unserer Gartenfreundin gut zu stellen. Ob es half? Unser Kopfsalat hatte vor dem Kaffee und nach dem Kaffee keinen Schneckenbefall, das Zeug lockte also zumindest keine kriechenden Schleimlinge an, und es war ein guter Grund, sich außer der Reihe auch am Nachmittag noch eine Tasse aufzubrühen. Wenn die Doktorsche was wegen Blutdruck gesagt hätte, ich hätte immer mit der Schneckenabwehr dagegenhalten können.

Einen der Zinkeimer, der leider ein Loch hatte und der deshalb nicht mehr richtig zu gebrauchen war, schraubten wir mit dem Boden an die Schuppenwand. Er diente von nun an dem Wasserschlauch als Aufhängung. Es gibt doch nichts Hässlicheres als Gartenschläuche, die auf den Wegen und zwischen den Beeten rumliegen! Und es ist auch eine wirklich gefährliche Stolperfalle, erst recht in einem altengerechten Garten. So tat der Zinkeimer noch einen guten Dienst und sah sogar ausgesprochen hübsch aus. Wir fanden in Gunters Schuppen auch an die dreißig Gummistiefel. Soll mir noch einer sagen, dass Frauen einen Schuhtick haben! Man konnte nur den Kopf schütteln. Nur die wenigsten passten überhaupt zusammen. Gertrud sortierte bald eine Stunde. Was kaputt war, flog gleich in den Müll. Aus dem Rest suchten wir zwei Paar raus, die heile waren und die von der Größe her dem Gunter passen konnten. Und das war schon großzügig und reichlich, was soll ein Mensch mit mehr als einem Paar Gummistiefel, frage ich Sie? Noch dazu, wenn er vierundachtzig Jahre alt ist und gerade die Bandscheiben zusammengeflickt kriegt. Aber man darf einem alten Menschen nicht alles nehmen, was er liebt, und deshalb sollte er auch zwei schöne Paar Stiefel behalten. Die anderen waren auch so gut versteckt gewesen im Plundersammelsurium, dass er sich gar nicht an sie würde erinnern können. Aber bevor wir sie in den Müllcontainer warfen, suchte ich noch zwei aus, die ich als Blumenvase nehmen wollte. »Renate, was willst du denn damit?«, fuhr mich Gertrud an, die mittlerweile gut in Aufräumstimmung war und am liebsten – was im Grunde löblich war – alles weggeschmissen hätte. »Gertrud, wenn wir hier mal Grund drin haben«, sagte ich und wischte mir seufzend über die Stirn, denn trotz aller harter Arbeit würde das noch dauern, »wollen wir es doch auch ein bisschen hübsch haben. Guck mal, wenn man ein paar Zweige oder vielleicht Gladiolen in die Stiefel steckt, sieht das sehr nett aus. Einen stellen wir vor die Laube und den anderen drüben neben die Hollywoodschaukel. Ach, Gertrud, glaub mir, das wird ein richtiges Kleinod hier!«, versuchte ich, sie zu begeistern. Das gelang leidlich. Immerhin brummte sie zustimmend.

So lernten wir jeden Tag ein bisschen was dazu, und unser – jetzt sage ich schon »unser«, da können Se mal sehen, wie viel Spaß und Freude es doch alles bereitete –, unser Gärtchen wurde langsam recht ansehnlich. Wir schnitten und mähten, pflanzten und säten, und die Natur tat ihr Übriges und ließ alles in zarten Grüntönen und bunten Blütenfarben sprießen.

Wo immer es möglich war, ließen wir Platz, an dem man mal kurz verpusten kann im Schatten. Es reicht ja schon, wenn ein Gartenstuhl hier oder ein Eckchen Platz für den Rollator da ist, es muss nicht immer gleich eine gepflasterte Terrasse mit Pergola oder ein Pavillon sein. Alle Stolperfallen wie herumliegende Schläuche oder Rasenkanten schafften wir weg. Den Hauptweg ließen wir die jungen Leute breit und fest neu verpflastern, damit man mit dem Krückstock nicht gleich im Mahlsand versinkt, wenn man den eines Tages mal nötig hat.

Bei manchen Dingen brauchten wir auch ein bisschen, bis wir begriffen, wozu sie gut sind. Gunter hatte im Geräteschuppen zum Beispiel eine Harke stehen, die am Stiel lauter Kerben hatte. Nicht tief, also, man musste keine Angst haben, dass der Harkenstiel abbricht, wenn man etwas zu energisch arbeitet. Mir war gleich so, als wäre das ein Maß für irgendwas. Ich dachte, dass er vielleicht damit in der Regentonne nachmisst, wie viel Wasser noch auf Vorrat ist? Aber in dem Fall wusste Gertrud Rat. Sie hatte beobachtet, wie Frau Fettel mit einem Stock in der Reihe immer auf gleichmäßigen Abstand achtete, wenn sie Kohlrabi oder Blumenkohl ausbrachte. Kohlrabi braucht 25 Zentimeter Abstand, Blumenkohl 50. Da kratzt man also immer ein Loch bei der Kerbe oder auch an jeder zweiten, und schon hat man das richtige Maß und muss nicht mit dem Messstab durch die Reihen kriechen. Ein sehr guter Trick! Außerdem hatte man so immer eine gerade Reihe. Der Habicht achtete auf so was, ich hatte erst am Tag zuvor gehört, wie er Frau Fettel maßregelte, weil ihre Asternreihe so schief stand, »wie der Bulle pisst«. Ich weiß gar nicht, ob ich das hätte aufschreiben dürfen. Es ist nicht meine Wortwahl, das wissen Se, wenn Sie mich auch nur ein bisschen kennen. Ich habe nur wiedergegeben, was der Jargon des Herrn Habicht war.

Als die Tomaten blühten, schüttelte ich die mindestens einmal am Tag. Vorsichtig, aber bestimmt! Wissen Se, wir hatten zwar mit den Hummeln und dem ganzen Geschwirr, das sich im Insektenhotel und in unserer Trockenhecke eingemietet hatte, viele fleißige Bestäubungshelfer, aber man weiß ja nie. Gerade ins Gewächshaus, in dem wir die Tomaten hielten, trauen die Bienen sich manchmal nicht rein, und Wind kommt da auch nicht hin. Da darf man der Natur ruhig ein bisschen helfen, wissen Se, und die Tomaten dankten es uns mit reichlich Früchten. Tomaten müssen ja auch »ausgegeizt« werden. Das ist gar nicht so schwer, wie es im ersten Moment aussieht, man muss nur Nebentriebe wegknipsen, damit die Kraft der Pflanze in die Blütenstände und Früchte geht und die Pflanzen nicht bis zum Himmel sprießen. Ich weiß da gut Bescheid, dank Kurt. Der ist Experte, was Tomaten betrifft. Er pflanzt jedes Jahr Tomaten in sein kleines Gewächshaus. Das ist ja sein Ein und Alles. Die Setzlinge holt er vom Gärtner, pflegt und gießt und düngt, und er hat immer eine große, prächtige Ernte. Gläsers essen die Tomaten roh zur Stulle, als Salat, und wenn ein Korb voll beisammen ist, kocht Ilse Tomatenmark daraus und weckt es ein. Das schmeckt ja zu allem und ist viel gesünder als gekaufter Kepschup, wo man sich immer fragt, wie die es schaffen, ein Kilo Zucker in so ein kleines Fläschchen zu kriegen. Aber es ist eben so, dass es jedes Jahr die gleiche Sorte Tomaten ist. Die sind darauf gezüchtet, reichlich zu tragen und nicht zu anfällig gegen Krankheiten zu sein, damit so viele Leute wie möglich damit klarkommen und einen schönen Erfolg beim Anbau haben. Die wunderbaren alten Sorten jedoch, die so fein schmecken, dafür aber ein bisschen mickriger tragen und nicht so einfach in der Pflege sind, die kriegen Se kaum beim Gärtner. Das geht erst so langsam wieder los, dass sich ein paar Enthusiasten treffen und Saatgut für alte Sorten austauschen. Nun sind Gläsers beide gut in den Achtzigern, und für ein paar Tomatensamen extra bis nach Thüringen zu fahren ist doch sehr beschwerlich. Wissen Se, in solchen Momenten habe ich, die ich mich ein bisschen mit dem Interweb auskenne, dann die Nase vorn im Rennen. In meinem Alter muss man ja gar nicht viel wissen, um auf diesem Gebiet als Expertin zu gelten. Frau Heidenross kann Videotext auf ihrer Fernsehfernbedienung, damit gilt sie im Altenverein schon als Fachfrau für Computer.

Tja, mit dem Interweb ist das so eine Sache. Die einen sagen, es ist ein Fluch, die anderen sprechen von einem Segen. Wissen Se, ich habe auch solche und solche Erfahrungen gemacht. Wenn ich nur überlege, wie es einem helfen kann, überwiegen aber doch die guten Seiten. Ich erzähle mal ein kleines Beispiel. Als unser Kurt nämlich Geburtstag hatte, stand ich wie in jedem Jahr vor der Frage: Was schenken? Was schenkt man denn einem alten Herrn, der im Grunde alles hat und der auch immer »Ich brauche nichts!« sagt? Eine Kleinigkeit muss man aber doch haben, ich gehe jedenfalls nicht mit leeren Händen, wenn ich eingeladen bin! Ein bunter Blumenstrauß, ja, den habe ich besorgt. Wenn ich aus dem Haus trete, liegt linker Hand am Marktplatz der kleine

Blumenladen, den die Marina Bachmann betreibt. Eine umtriebige Dame, so um die vierzig, burschikos und forsch und mit großem Herzen. Eine ganz Helle ist das, blickig und mit Sinn für das Geschäft. Sie hat den Laden von den Eltern übernommen, als die sich vor geraumer Zeit zur Ruhe setzten. Es ist ein wirklicher Blumenladen mit gekachelten Wänden und »Flair«, wie man so schön sagt. Die Marina hat Blumen in Töpfen und solche, die sie zu Sträußen bindet. Sie hat nicht so viel Getüddel, verstehen Se, was ich meine? Keine Federn und keine blinkenden Lichterketten, um sie in die Sträuße einzubinden. Bei ihr stehen die Pflanzen im Mittelpunkt und die Menschen, nicht das »Schischi«. Die Marina guckt einem in die Augen und weiß, was zu einem passt. Wenn ich zu ihr sage: »Passen Se auf, Fräulein, ich brauche einen Strauß für einen älteren verheirateten Herren, machen Se ihn hübsch zurecht, sodass er auf 20 Euro kommt«, dann macht sie mir einen Sonnenblumenstrauß mit ein bisschen Grün drin, mit dem kann ich zu Kurt kommen am Geburtstag, ohne dass Ilse da Avancen aus dem Strauß rausliest. So was ist ja wichtig! Man kann einem verheirateten Mann keine Vergissmeinnicht schenken, jedenfalls nicht dem Kurt, ohne dass Ilse ins Taschentuch schnäuzt und weint, weil sie denkt, da … also, man sagt mit einem Strauß doch etwas »durch die Blume«, im wahrsten Sinne des Wortes. Nee, da muss man bei Frau Bachmann keine Sorgen haben, die berät einen prima. Wenn ich zu ihr sage: »Ich brauche was für Wilma Kuckert, es muss auch nicht so teuer sein«, dann wickelt sie mir wortlos einen Kaktus ein. So was ist wichtig, dass man ohne große Worte verstanden wird. Beim

Verschenken von Blumen macht sich ja heute kaum noch jemand Gedanken. Da wird ein bunter Strauß von der Tankstelle mitgenommen, Hauptsache, der ist billich. Mit Folie drum, oft noch mit Sprühfarbe und Glitzer. Bei so was fragt man sich, ob der Schenkende überhaupt etwas damit sagen will.

Das kenne ich noch anders. Zu meiner Zeit hat man sich da mehr Gedanken gemacht. Jede Blume hatte etwas zu bedeuten! Dass rote Rosen für Liebe, Leidenschaft und lodernde Gefühle stehen, na, wenigstens das wissen noch die meisten Leute. In Rosa dafür eher für Jugend und Schönheit. Der Kavalier deutete mit rosa Rosen zarte Gefühle an. Wobei ich auch zugeben muss, dass vielleicht die PGH »Frische Knospe« einfach keine anderen Blumen dahatte und mein Franz deshalb mit dem rosafarbenen Gebinde gar nicht seine Gefühlswelt zum Ausdruck brachte, sondern eher den Mangel der Planwirtschaft. Na ja. Weiße Rosen bedeuten Unschuld und Treue. Deshalb werden die auch gern für Brautsträuße genommen. Gerbera steht für Schönheit, aber jetzt nicht so für die Sehnsucht der Lenden nach Leidenschaft. Wer Gerbera verschenkt, hat keine Hintergedanken und macht nichts verkehrt. Die können Se auch der Schwiegermutter überreichen oder der hilfsbereiten Nachbarin, wenn die im Urlaub den Briefkasten geleert hat.

Bei Nelken ist es schwierig. Lange Zeit war die Nelke ja weg vom Fenster und galt als altmodisch und in Rot als Winkelement der Arbeiterklasse, aber ich finde, das ist nicht gerecht. Es ist eine sehr schöne Blume, die sich, wenn sie frisch angeschnitten wird, lange in der

Vase hält. Sie steht für Leidenschaft. Nicht so schlimm wie rote Rosen, da ist ja alles vergebens und verloren, aber auch Nelken zeigen eine lodernde Glut an. Schenkt Ihnen jemand gelbe Nelken, passen Se auf: Die deuten auf eine gewisse Antipathie hin. Das wusste ich nicht, als Mutter von Morskötter, meine ... lassen Se mich zählen ... meine zweite Schwiegermutter, mir zur Hochzeit mit eiskaltem Lächeln und einer gewissen Grandezza ein Gebinde gelber Nelken überreichte. Ilse, die Vasendienst hatte und die Geschenke auf den Gabentisch baute und alles auf langen Listen verzeichnete, damit man sich mit angemessenen Gegengeschenken revanchieren konnte bei entsprechendem Anlass, erstarrte vor Schreck und schaffte den Strauß gleich aus meinem Blickfeld. Erst später klärte sie mich auf.

Mit Sonnenblumen hingegen machen Sie nie was falsch, obwohl sie auch gelb sind. Sie stehen für Herzlichkeit und Fröhlichkeit. Bei einer Sonnenblume hat man den Eindruck, dass sie den ganzen Tag lächelt und abends müde ihr Köpfchen zum Schlaf neigt. Sie sind wunderbar geeignet als Geschenk für gute Menschen, denen man einen netten Gruß senden will und denen man sagen will, dass man sie mag. Deshalb bekam Kurt einen schönen Strauß leuchtender Sonnenblumen, den Ilse wohlwollend nickend in ihre große Bodenvase stellte. Aber ein kleines Geschenk dazu, das war noch nötig. Mit Blumen allein macht man einem Mann meist nur begrenzt Freude. Über Zigarren hätte Kurt sich bestimmt gefreut, aber ich will auch keinen Ärger mit Ilse, die Kurt in Sachen Rauchwaren sehr knapp hält, der Gesundheit und der Gardinen wegen. Also tippte ich beim Gockel ein: »TOMATEN ALTE SORTEN«, und zack! kam auch schon ein Angebot. Jemand bot ein Sammelsurium von zwanzig verschiedenen Sorten feil, es gab je zehn Saatkörner und eine Anzuchtanleitung dazu. Das kostete kein Eckhaus (ein Kästchen Zigarren wäre genauso teuer gekommen!), also bestellte ich das und hatte schon zwei Tage später einen Umschlag mit vielen kleinen Tütchen im Briefkasten. Na, was meinen Se, wie Kurt sich gefreut hat! Der konnte es kaum abwarten, dass die Tomaten ausgesät werden durften.

Im Februar war es so weit. Ilse half ihm natürlich ein bisschen, wissen Se, so ein Tomatensaatkorn ist selbst für Leute mit guten Augen kaum zu erkennen, und Kurt ... na ja. Wissen Se, neulich hat er wieder gestritten, ob auf dem Geschwindigkeitsschild nun 60 oder 80 stand. Es war im Grunde völlig egal, da er ja auf der Landstraße nie mehr als 50 fährt, damit man auch was von der schönen Gegend sieht, aber trotzdem macht das Sorge, dass er das nicht so richtig erkennt. Und als Kurt das letzte Mal einen Schrank selber aufgebaut hat, blieben 200 Gramm Schrauben übrig, und er sah eher aus wie ein Rodelschlitten. Der Schrank, nicht Kurt. Wie auch immer, jedenfalls säten die Gläsers die Tomaten im Winter auf der Fensterbank aus, steckten kleine Schildchen mit den Sortennamen dran und gossen täglich tröpfchenweise. Da braucht man Geduld, aber Geduld hat er ja, unser Kurt. Er spielt Briefschach mit einem Freund aus der Sowjetunion. Also, jetzt ist das ja Russland. Damals, als sie anfingen, auch schon, aber man durfte es nicht sagen. Seit den Sechzigerjahren geht das schon mit ihrem Spiel, und manchmal, wenn nach acht Wochen immer noch kein Brief mit einem neuen Zug da ist, will Ilse das Schachbrett schon wegräumen, weil der Herr Igor vielleicht ... na ja. Machen wir uns nichts vor, er ist ungefähr in Kurts Alter, und da muss man immer mit allem rechnen. Ilse will schon seit 1967 ihre Nähmaschine in die Ecke in der Wohnstube rücken, in der Kurts Schachbrett steht, aber daraus wurde bis heute nichts. Einmal mussten Kurt und Herr Igor neu anfangen. Das muss 1972 gewesen sein, als die Tochter von Gläsers Konfirmation hatte und Ilse so gründlich reinegemacht hat, dass sie auch unter den Pferdchen und Bayern vom Schach Staub wischen wollte.

Moment.

Bauern, nicht Bayern.

Obwohl die auch gut in der Verteidigung stehen, sagt Kurt immer.

Hihi!

Na ja, jedenfalls hat Kurt Geduld. Beim Briefschach, aber auch beim Autofahren, wissen Se, bevor der ein anderes Fahrzeug überholt, muss schon viel zusammenkommen. Und er hat auch Geduld, wenn es darum geht, den Tomatensamen beim Keimen zuzugucken. Nach ein paar Wochen ging die Saat auf. Sie glauben gar nicht, was für eine Freude Kurt hatte! Es keimte von jeder Sorte was, von der einen, der fast schwarzen Tomate mit der hübschen Maserung, kamen nur sechs von den zwanzig Pflänzchen, aber wo klappt schon immer alles? Und es kam auch gar nicht drauf an, dass nun jedes Saatkrümelchen gedieh. Gläsers wollten schließlich nicht gewerbsmäßig Tomatenanbau betreiben und entscheidende Teile der Spandauer Bevölkerung mit Fittaminen versorgen, sondern es sollte Freude bereiten, die Vielfalt der Früchte zu genießen. Und das tat es! Als die Keimlinge größer wurden, töpferte Kurt sie um. Topfte, sagt man wohl. So grün und groß konnte er sie schon gut erkennen und brauchte Ilses Hilfe nicht mehr. Die Tomaten zogen alsdann um ins Gewächshaus, wo die Frühlingssonne nun im März schon so kräftig wärmte, dass Kurt tagsüber lüften musste, weil sonst alles regelrecht verbrannt wäre.

Und was bei Tomaten alles zu beachten ist, hat Kurt mir bei der Gelegenheit bis ins kleinste Detail erklärt. Das mit dem Ausgeizen zum Beispiel. Bei Paprika soll man übrigens sogar die allererste Knospe abbrechen, die sogenannte Königsblüte. Das hilft, damit sie mehr Früchte ansetzt. Ach, man muss den erfahrenen Gärtnern wirklich zuhören, da kann man viel lernen! Es kostet nur viel Zeit, wissen Se, genau wie die Angler erzählen auch sie massig dummes Zeug. Veilchenlatein statt Anglerlatein, hihi! Aber irgendwo in ihren langen Vorträgen verstecken sie auch immer ein paar gute Ratschläge. Und da guter Rat ja in der Regel teuer ist, muss man hier den Preis des Zuhörers zahlen.

Bohnen dürfen ja wie Gurken erst nach den Eisheiligen ins Freie.

Das mit den Eisheiligen ist auch ein ganz großes Thema unter den Laubenpiepern. Ab März hat die Sonne ja oft schon solche Kraft, dass es uns ins Freie zieht, und wir glauben, dass es nun so bleibt. Dann wird man leichtsinnig. Die jungen Dinger rennen mit kurzem Rock und knapper Bluse los, meist ohne Leibchen, und dann schieben sich die Wolken vor die Sonne, und es wird so frisch, dass sie sich erkälten. Genauso leichtsinnig ist man mit Blumen und Gemüse. Wenn man in der Gärtnerei oder im Baumarkt die Geranien in ihren bunten Farben leuchten sieht, ist das sehr verlockend. Aber man muss da widerstehen. Denn Anfang, Mitte Mai kommt oft noch mal die Kälte zurück und bringt Frost. Das sind die Eisheiligen. Nun tun die Studierten es gerne als Aberglauben und Quatsch ab, aber mir ist es egal, ob es nun Eisheilige heißt oder nicht, Fakt ist, dass es oft Mitte Mai noch mal kalt wird. Unsere Ariane hat am 15. Mai Geburtstag. Als Stefan seinerzeit mit ihr ankam und sie mir vorstellte, freute ich mich und sah schon wunderbare, frühlingshafte Kaffeetafeln im Garten zu ihrem Wiegenfest vor mir. Aber irgendwie ist da der Wurm drin. Wir haben schon bei 9 Grad um den Grill gesessen und uns am Glühweinbecher die Hände gewärmt, sage ich Ihnen! In die Garage haben wir uns verzogen mit dem Abendbrot, weil der Dauerregen es unmöglich machte, im Garten zu sitzen. Unseren Atem sahen wir als Nebelschwaden vor dem Mund, und das am 15. Mai!

Die Geranienkästen kann man schon im April bepflanzen, sicher. Aber da muss man eben jeden Abend den Wetterbericht gucken und die Pflanzen reintragen oder warm abdecken. Es macht viel Mühe, wenn man gegen die Natur gärtnert, sage ich immer. Die Begonien pflanze ich auf jeden Fall erst nach den Eisheiligen auf die Friedhöfe. »Wer billig kauft, kauft zweimal«, heißt es, und ich sage: »Wer zu früh pflanzt, kauft auch zweimal!«

Sofern man die Kästen vielleicht noch reinstellen kann über Nacht, ist es ja kein Problem. Aber nun sagen Se mal dem Kirschbaum, dass er mit dem Blühen noch ein paar

Tage warten soll, weil Nachtfrost angesagt ist! Das interessiert den nicht, es sei denn vielleicht, meine Tochter Kirsten spricht mit ihm. Die umarmt gerne Bäume und flüstert auf sie ein. Sie hat auch angeboten, das übers Telefon zu machen, aber da sich alles in mir gegen so einen Humbug sträubt und ich auch nicht vom Habicht gesehen werden möchte, wie ich den Fernsprecher ... also, das Scheibchentelefon ... ach, wie heißt das gleich ... Händi. Manchmal stolpert man aber auch erst um die Worte drum rum, bevor man draufsteht, nee, es wird immer schlimmer im Alter, sage ich Ihnen! Jedenfalls wollte ich nicht gesehen werden, wie ich das Händi in die Krone halte und Kirsten mit dem Kirschbaum spricht. Der Habicht hätte doch sofort die Rettung gerufen mit den Jäckchen, die hinten zugeknöpft werden!

Da haben Se aber in der Kolonie Fachleute, die auch andere Tricks wissen. Herr Ober aus dem Veilchenweg – ja, der heißt wirklich so, was meinen Se, was Gertrud sich immer für einen Spaß daraus machte, nach ihm zu rufen! – Herr Ober zum Bespiel hängte kleine Laternen in die blühenden Bäume mit Teelichtern drin. Die wärmen ein kleines bisschen und verhindern das Schlimmste. Alles kann er so nicht retten, sagt er, der Frost ist ein starker Gegner, und er nimmt sich seine Opfer. Aber er hat mit diesem Trick bisher jedes Jahr so viel über die Eisheiligen gebracht, dass der Keller mit Eingewecktem voll wurde. Ich soll Ihnen aber auf jeden Fall aufschreiben, dass Sie die guten Teelichter kaufen sollen, die acht Stunden brennen, und auf keinen Fall die vom Schweden. Die halten nur zwei oder drei Stunden, und wenn Se die um 11 Uhr abends in den Apfelbaum hängen, lacht sich Gevatter Frost ins Fäustchen, wenn er in den frühen Morgenstunden kommt und über die erloschenen Laternen hinwegfegt. Das hat mir Herr Ober extra aufgetragen, Ihnen zu sagen, ich soll das nicht vergessen.

Pah, ich und was vergessen!
Was wollte ich?
Ach ja.

Wir überlegten uns auch gut, welches Gemüse zueinanderpasst und was sich nicht gegenseitig das Licht und die Nährstoffe nimmt. Aber schön bunt sollte es sein. Zum Fenchel setzten wir Kopfsalat und Rote Bete. Der Kopfsalat wuchs ja schnell und käme alsbald zum Abendbrot auf den Teller, und die Rote Bete und der Fenchel verstanden sich prima und stritten nicht um die Nährstoffe im Boden. Die Mohrrüben säten wir in großzügig weiten Reihen und setzten dafür lieber Steckzwiebeln dazwischen. Die kamen auch schon im frühen Sommer raus und ließen den Möhrchen danach Platz, richtig auszureifen. Da zieht man ja auch immer welche für die Suppe oder den Salat raus und vereinzelt sie dadurch ein bisschen. Es gibt doch nichts Besseres als junges Gemüse aus dem eigenen Garten! Das muss auch nicht ewig lang kochen, da reichen den Möhrchen eineinhalb Stunden, und sie sind butterzart und zergehen auf der Zunge.

Mit dem Gemüse ist es ja auch so eine Sache. Man sollte denken, was vor zwanzig Jahren gut war, ist heute nicht schlecht, aber da haben Se falsch gerechnet. Es gibt da genauso Moden und Trends wie bei den Blusen und bei den Teesorten.

Ich kenne das so, dass Gemüse gesund ist und basta! Da kam es nicht groß drauf an, welche Sorte – Hauptsache, es war was Frisches aus dem Garten. Das wurde gegessen, wann Saison war und es wegmusste, und es ist keiner krank geworden oder hatte einen Mangel. Heute haben se ja alle Mangelerscheinungen. Kirsten macht auch solche Tests, wo sie einem ein paar Haare ausrupft und in eine Messapparatur klemmt, und dann kommt raus, dass Eisen fehlt, und sie rät zu Erbsen, Bohnen und Linsen. Ihre Messmaschine zeigt aber nur die Eisenwerte an und dass die ganzen Hülsengemüse vielleicht zu einem guten Blutwertespiegel führen, dass sie einem aber im Gedärm aufräumen wie ein Überfallkommando mit Maschinengewehr, das bedenkt Kirsten nicht. Nee, ich lasse mich da nicht verrückt machen und rate zur ausgewogenen Ernährung. »Esst mäßig, und bewegt euch regelmäßig«, lautet meine Devise. Wenn man in der Saison isst, was der Garten hergibt, macht man nicht viel verkehrt. Gut, man darf natürlich nicht nur Kirschbäume stehen haben und jeden Tag drei Pfund Knuppern naschen, das gibt dann natürlich auch Wanstdremmeln. Mohrrüben, Erbsen, Mangold, Bohnen, Kohlrabi, Radieschen, Kopfsalat – all solche Sachen gehören doch auf die Gemüsebeete! Dazu Paprika, Tomaten, Kürbis, Zuckini und Zwiebeln, ein kleines Beet mit frischen Kräutern, Mangold, Rote Bete, ein paar Schillie, ach, die Palette ist wirklich groß!

Haben Se bemerkt, dass Mangold doppelt war? Das hätten sie bei »Dalli, Dalli« jetzt abgezogen. Ein Gartenbeet ist im Grunde der Tisch, den man sich selber deckt. Man muss nur zeitig überlegen, was man essen will, und sich ein bisschen an das halten, was die Pflänzchen mögen, dann kann man auch ohne grünen Daumen zu Erfolgen finden. Und wenn wirklich noch viel Platz ist im Garten, muss auch da nicht unbedingt Rasen hin, sondern man setzt Kartoffeln. Kartoffeln sind genügsam und gut zu lagern bis ins Frühjahr rein, und wenn ich gucke, was die heute kosten, na, da spart man mit jedem Quadratmeter, auf den man Erfeln setzt. Die ersten Frühkartoffeln kommen bald auf drei Euro das Kilo, überlegen Se mal! Das sind sechs Mark, da habe ich früher eine kleine Flasche Korn für gekriegt!

Es wird ja beim Gemüse auch jedes Jahr wieder eine neue Sau durchs Dorf getrieben, wenn Se mir diesen etwas schiefen Vergleich gestatten. Lange hieß es, Spinat wäre das gesündeste Grünzeug überhaupt, aber das lag daran, dass sich der Praktikant im Labor wohl beim Ablesen verguckt hat und mit dem Komma verrutscht ist. Na ja. Gesund ist das Zeug immer noch und auch sehr schmackhaft, aber die Aufregung legte sich recht bald wieder. Eine Zeit lang waren dann Zitronen groß in Mode, weil die so viel Fittamin C haben. Das merkten dann die heimischen Obstbauern, weil kaum noch einer ihre Äpfel wollte, und sie schlugen Alarm. Da muss man sich selber als Käufer manchmal Fragen stellen und die richtigen Schlüsse ziehen. Bei uns im Edeka zum Beispiel kosten die Äpfel, die aus Argentinien hergeschafft werden mit dem Dampfer, weniger als die vom Bauern um die Ecke. Was da an welcher Stelle nicht stimmt, will ich gar nicht ergründen, aber auf jeden Fall bleibt mir der billige Apfel im Halse stecken wie dem Schneewittchen, und ich kaufe den nicht. Das kann nicht gesund sein, für keinen der Beteiligten. So geht das Ende immer wieder hin und her, plötzlich sind die guten alten Rote Beten, die vor zwei Jahren die meisten noch pikiert auf den Tellerrand geschoben haben, »Superfood«.

Etliche Gerüchte halten sich aber auch hartnäckig: Dass Möhrchen gut sind für die Augen, zum Beispiel. Ich kann Ihnen sagen, da ist nichts dran. Ilse reicht Kurt mehrmals die Woche Mohrrüben in allen Varianten – sie kocht ihm Möhreneintopf, reibt sie ihm fein zu Salat oder presst den Saft aus mit so einer Höllenmaschine. Sie tut auch immer einen Tropfen Öl oder einen Stich Butter dazu, das hat der Professor in der Apothekenumschau geschrieben. Es muss immer ein bisschen Fett mit dran, damit der Körper die Fittamine überhaupt aufnehmen kann. Kurt isst und trinkt brav, was Ilse ihm hinstellt, er ist ja wirklich genügsam – aber auf Kurts Augenlicht hat das keine Auswirkung. Immerhin wird es nicht schlimmer, vielleicht ist das ja schon ein Erfolg.

Im Frühling überschlägt sich der Garten ja fast vor Eifer. Da wächst und sprießt alles um die Wette, und man kommt kaum mit dem Bändigen nach. Der süßliche Duft des Holunders macht einen fast ein bisschen rammdösig und lässt einen in Erinnerungen an früher schwelgen.

Vielleicht der schönste Moment ist gekommen, wenn es losgeht und man die Früchte der Arbeit im wahrsten Sinne des Wortes ernten kann. Das erste Radieschen, ach, das ist doch ein Fest! Schon fast eine Woche guckten Gertrud und ich jeden Tag, wie weit es ist, und fühlten vorsichtig, ob man schon ernten kann. Sie müssen unsere Vorfreude bitte verstehen, wissen Se, wir sind beide zweiundachtzig Jahre alt, es war vielleicht das letzte Mal, dass wir uns die Radieschen von oben anguckten!

Am Donnerstag war es dann so weit: Wir zogen es raus und teilten es schwesterlich. Ganz dünn in Scheibchen geschnitten auf einer Butterstulle haben wir es genossen – wunderbar. Es schmeckte frisch nach Frühling, ein bisschen scharf und erdig. Das lag bestimmt daran, dass Gertrud beim Abwaschen geschludert hatte, aber es machte nichts. Im Restaurant hätten sie das »Duett von frühlingsfrischem Bio-Radi mit Bauernkrustenbrot und handgestampfter Butter, 14,90 €« genannt. So aßen wir an diesem Abend jede unsere erste Radieschenstulle – Gartenwurst – und waren uns einig, dass dieser Genuss jede Arbeit und Mühe wert war.

Später geht es dann ja Schlag auf Schlag.

Nichts schmeckt doch besser als ein schöner frischer Salat mit dem, was der Garten hergibt. Im Frühsommer ist ein Beet doch ein üppig gedeckter Tisch! Da macht eine Hausfrau auch kein großes Tamtam und sucht lange nach Rezepten, sondern da wird einfach rasch das Gemüse geputzt, klein geschnitten und mit Salz, Pfeffer, Essig und Öl angemacht. Frische Kräuter drauf, fertig. Ein Genuss! Es kommt im Grunde auch gar nicht darauf an, was genau an Gemüse da ist. Ob es ein Kopfsalat mit geraspelten Radieschen ist oder Eisbergsalat mit Mohrrüben und Tomaten – das schmeckt nach Sommer, ist bekömmlich und wunderbar gesund. Da braucht man kein Rezept. Letzthin habe ich im Fernsehen einen Koch gesehen, der war genauso überdreht wie Ilse, wenn sie am Sekt genippt hat. Er krähte rum, wie er sich freut, dass wir alle so zahlreich eingeschaltet haben (woher der das wohl wusste?), und rubbelte eine Nuss auf seiner Blechreibe fein. Er schwärmte, es würde wie Vanille schmecken. Die Nuss hieß Tonkabohne, und er war hin und weg von dem Ding. Ich fragte mich, warum er so ein Affentheater um diese Bohne machte, wenn sie doch am Ende genau wie Vanille schmeckte? Warum nahm er dann nicht gleich Vanille? Diese jungen Leute, immer muss es was Besonderes sein! Als ich einkaufen war ein paar Tage später, habe ich bei den Gewürzen geguckt, aber die hatten so was nicht da. Es ist ja alles nach dem Alphabet sortiert, und zwischen Tomatengewürz und Wacholderbeeren war nichts. Mein Blick fiel noch auf »Tasmanischen Bergpfeffer«, aber Tonkabohnen gab es nicht. Ich sprach Frau Krause an, die gerade Hefe auspackte, und die meinte abwinkend, so was hätten sie nicht da. Das müsste ich in Prenzlauer Berg nachfragen, wo die überdrehten Schnepfen wohnen, wie sie sagte. Na, so weit kommt es noch! Ich fahre doch nicht über eine Stunde durch halb Berlin, um letztlich Tunkbohnen oder was auch immer auf meinen Kuchen reiben zu können, nur damit er genauso schmeckt, als würde ich Vanillezucker nehmen! Himmel, nee.

Gleich danach machte der überkandidelte Koch Salat. Warum er den – was ja wohl normalerweise die Vorspeise ist – nach dem Kuchen anmachte, war mir nicht klar, aber noch ehe ich verwundert den Kopf schütteln und umknipsen konnte, faselte er schon los und erzählte, dass er nun ein »Gurkentatar« zaubern würde. Ich war so gespannt, dass ich doch nicht wegschaltete. Er schnitt Gurken klein, würzte sie mit Salz, Pfeffer, Zucker und Zitrone und gab Petersilie dran. Das war genau mein

Rezept für Gurkensalat, nur dass ich noch einen Tropfen Öl drangebe und die Gurken in dünne Scheiben reibe, statt sie in Würfelchen zu schnippeln. Aber es heißt eben Gurkensalat bei mir und nicht Gurkentatar. Diese aufgeblasenen Wichtigtuer, passen Se bloß auf, und lassen Se sich kein X für ein U vormachen. Der verkauft Ihnen seinen Klecks Gurkentatar in der Gaststätte für 9,80 € als Vorspeise. Pah! Für die Hälfte mache ich eine große Schüssel davon für eine ganze Kompanie zum Sattessen!

Ein paar Regeln muss man noch beachten: Zwiebeln darf man nie neben Knoblauch setzen, die mögen sich nicht. Wie Ilse und Wilma Kuckert, die dürfen beim Rentnerkaffee auch nie an denselben Tisch. Wilma hat nämlich ein Auge auf Kurt geworfen, und das kann Ilse nicht gut verknusen. Ebenso wenig macht es Sinn, Dill zwischen den Gurken auszusäen. Die vertragen sich erst später im Steintopf, aber nicht auf dem Beet.

Zwischen all dem Dickicht und Gestrüpp hatten wir entlang des Hauptweges sogar ein paar Rosensträucher entdeckt. Die waren dermaßen zugewuchert – es erschien fast aussichtslos, dass die wohl je wieder Blüten treiben würden. Ich hatte schon die Grabegabel angesetzt, um kurzen Prozess zu machen, aber Gertrud wollte es zumindest versuchen. Nun bin ich ja kein Unmensch, außerdem ist Gunter auch IHR Lebensgefährte und nicht meiner, und deshalb beugte ich mich ihrem Wunsch. Wir schnitten die Rosen also nach bestem Wissen und Gewissen zurecht. Alles tote Holz kam raus, ebenso die wilden Triebe. Wir ließen nur die stärksten und gesündesten drei, vier Stängel stehen und gaben auch tüchtig Kompost an die Wurzeln. Wissen Se, Ahnung hatten wir nicht wirklich, aber wir guckten ein bisschen, was die anderen taten, und machten es ihnen nach. Mit Pferdemist, Kompost und Hornspänen konnte nicht viel schiefgehen. Hauptsache, Bio, das ist nie verkehrt. Das ist bei den Rosen genauso, wie wenn man für Kirsten Abendbrot macht.

Um die Rosensträucher herum brachten wir Mulch aus. Das ist eine feine Sache, es sieht nicht nur ordentlich aus, sondern es hemmt auch das Unkraut ein bisschen. Wir mit unseren ollen Knochen konnten und wollten doch nicht jeden Tag auf den Knien rumrutschen! Schließlich waren wir im Garten und nicht in der katholischen Kirche. Um die Rosensträucher herum setzen wir Lavendelbüsche. Die riechen für uns wunderbar, aber Blattläuse mögen das nicht und halten sich fern. Aus Lavendel wird 4711 gemacht, ich bitte Sie! Wenn das nicht fein duftet, na, dann weiß ich es nicht. Für den Fall, dass die Rosen wieder ausschlugen, hatten wir also kleine nützliche Helferlein gesetzt, und falls es schiefging, würde auch keiner was merken, denn wir hatten ja Lavendel ausgebracht, und der blühte prächtig.

Die Rosen schlugen aus! Und die Blüten sprossen wieder. Nicht so viele, das war nach dem radikalen Rückschnitt auch nicht zu erwarten, aber ein paar vereinzelte Knospen reckte uns die Königin der Blumen alsbald entgegen. Gertrud war sehr stolz darauf. Ich musste sie knipsen mit dem Händiapparat, und Stefan hat das Bild in der Drogerie entwickeln lassen. Gertrud schickte Gunter das schöne Foto in seine Reha, damit er sehen konnte, was in seinem Garten vor sich ging. Allerdings fotografierten wir nur die Rosenblüte, nicht den ganzen Garten. Das sollte eine Überraschung für ihn sein, wenn er bald wieder hoffentlich genesen und gut zusammengeflickt nach Hause zurückkehren würde.

Derweil wurde der Habicht nervös. Sein Plan, dem Gunter die Nachbarsparzelle einfach so wegzunehmen, ging nicht auf.

Ich bin aber auch keine, die darauf beharrt, dass sie recht hat. Eine Renate Bergmann ist immer zu einem Kompromiss bereit – wenn er gut ist! Gertrud war da ganz meiner Meinung, dass der riesige Garten – Gunter hatte ja vor Jahren das verwilderte Nachbarsgrundstück einfach okkupiert – viel zu groß für einen Mann Mitte achtzig war. Auch wenn die die Bandscheibe wieder richten würden, müsste Gunter eine ruhigere Kugel schieben, wenn er wieder nach Hause kam. Da waren die Hochbeete schon eine gute Idee von uns, das muss man sagen. Und Kurt hatte die Bäume so geschnitten, dass man an das meiste gut im Stehen rankam. Für den Nachbarsgarten kam mir eine Idee, als ich den kleinen Berber vor unserem Haus traf. Den Sohn von der Nachbarin, wissen Se?

Der Jäsen ... Jeremy. Wie auch immer, ich sage immer Jens, da rollt er zwar die Augen, aber er hört darauf und weiß, dass er gemeint ist. Machen Se es mir nicht zum Vorwurf, aber wenn seine Mutter, dieses ordinäre Ding, ihm so einen neumodischen Taufnamen gibt, der eher nach Texas passt als nach Berlin, fällt es mir eben schwer, mir das zu merken.

Wie ich also des Morgens losmachen wollte gen Garten, da lauert mir der kleine Berber auf, der Jens-Jemie. Dieter. Wie auch immer. »Tante Bergmann, du wuselst ja jetzt jeden Morgen noch früher los als sonst schon. Wo gehst du denn hin?«

Na, da sprach doch nicht das Kind. Da steckte doch die Mutter dahinter, die Berberin höchstpersönlich! Ich kenne die doch, die ist schaubegierig wie eine Elster und schickte den Jungen vor, weil sie nicht will, dass man sie für neugierig hält. Aber eine Renate Bergmann ist nicht von gestern und merkt so was. Meine Kirsten war schließlich auch mal in dem Alter, dass sie sich ohne Murren fragen schicken ließ.

Der Junge ist ein Guter, und ich habe nichts zu verbergen. Deshalb gab ich Antwort. »Du kennst doch Tante Potter, die mit dem großen Hund, die mich ab und an besucht?«

»Die, die immer in den Flur pupst?«

»Jens!«

Der Jens hatte ja recht, Gertruds Problem mit dem Reizdarm war unüberhörbar.

»Jedenfalls muss ich Tante Potter helfen, den Garten von ihrem Freund in Ordnung zu halten. Der ist ein paar Wochen außer Gefecht, und wenn man befreundet ist, hilft man sich untereinander. Ich bin aber am Nachmittag wieder zurück. *Da wird ja dann hoffentlich das Treppenhaus gewischt worden sein von denen, die diese Woche dran sind.*«

Ich wusste genau, dass der Junge der Mutter Wort für Wort Bericht erstatten würde. Die bohrte jeden einzelnen Satz aus ihm heraus. Ich weiß doch, wie ich es früher mit Kirsten gemacht habe! Deshalb fügte ich den

Hinweis auf die Hausordnung noch mit an. Das kann nie schaden, wenn die nämlich denkt, ich wäre aushäusig, rührt die keinen Finger. Das ist schon öfter vorgekommen. Einmal bin ich mit meiner kleinen Reisetasche zu Ilse, weil die mir den Rock kürzer machen sollte. Das hat die Berber vom Fenster aus gesehen und sich gedacht: »Die olle Wachtel ist verreist, was soll ich denn da die Treppe machen?« Wie ich zurückkam gegen sechs am Abend – Ilse hatte mir noch ein herrliches Schnittmuster für eine Bluse gezeigt, ach, ein wirklich kleidsames Modell! Wir haben gleich noch zugeschnitten und abgesteckt an dem Nachmittag, da verging die Zeit wie im Fluge –, wie ich also in den Flur komme, war da weder gefegt noch gewischt. Na, da habe ich aber Sturm geläutet! Was meinen Se, wie die vor Wut mit dem Wischeimer geklappert hat. Aber das war mir egal, es ging ums Prinzip. Nur weil die Katze aus dem Haus ist, können die Mäuse nicht beim Tanzen auf dem Tisch im Dreck versinken.

Ich erkundigte mich bei dem Jungen, wie es in der Schule steht. Wissen Se, ich mache mit dem Bengel ab und an Hausaufgaben. Von der Berber ist da ja nicht viel zu erwarten, und das Kind soll nicht darunter leiden, sondern alle Hilfe haben, die ich als Nachbarin und alte Dame leisten kann. Natürlich kann ich nur im Rahmen meiner Möglichkeiten unterstützen. Wissen Se, das Gute am Alter ist ja, das man sich mit »Das habe ich vergessen« prima aus der Affäre ziehen kann, wenn es mal eng wird. Die Leute erwarten eh, dass man tüddelig ist, und das spielt mir gut in die Karten. Wenn ich zum Beispiel mit dem kleinen Berber Aufgaben in Biologie erledige und er von mir wissen will, ob ein Regenwurm nun ein Insekt oder ein Wurm ist – na, meine Güte! Da kann ich gut sagen: »Jemie-Dieter, das ist so lange her, dass Tante Bergmann das in der Schule gelernt hat, das habe ich vergessen.« Das kann doch keiner nachprüfen, ob ich das jemals gewusst habe. »Lass uns das im Brock..., beim Wickipeter nachschlagen«, sage ich dann und erlaube dem Jungen, ausnahmsweise kurz im Händi nachzugucken. Ansonsten ist nämlich Händiverbot, solange wir Aufgaben machen, und zwar für uns beide. Aber bevor ich auf die Stehleiter klettere und den verstaubten Band 18 vom Brockhaus aus dem Regal hole, sind wir doch mit dem Interweb schneller. Dafür ist das ja auch da und nicht dafür, dass gestörte Herren einem Fotos von ihrem Gemächt schicken. Ich könnte Ihnen da Sachen zeigen, aber ich glaube, das darf man gar nicht drucken, dann kriegen wir Ärger mit dem Jugendschutz. Ich brauchte auf jeden Fall einen doppelten Korn, um den Anblick zu vergessen. Eine kümmerliche Pilauke hatte der Herr, am Rande bemerkt, da war ich von meinen Männern ganz anderes gewohnt. Aber egal, wo war ich? Ach, sehen Se: Pilauke, Regenwurm ... ich war gar nicht weg vom Thema! Also gucken wir dann beim Wickipeter nach, und Jens-Jemie hat die Aufgabe erledigt und ich auch wieder was gelernt. Wirklich, ich habe das NIE gewusst, dass ein Regenwurm ein Gliederfüßer ist. Ich war auf der Volksschule, ich kann dafür ganz gut rechnen – mir macht an der Kasse keiner was vor! Wenn die Kassiererin den normalen Preis abzieht und nicht bedenkt, dass der Zucker im Angebot ist – ich merke sofort, dass was nicht stimmt! Wir haben auf der

Volksschule eben Rechnen, Schreiben und Handarbeiten gelernt, aber ob Würmer nun Füße haben oder wo in der Tabelle das Element von Kupfer steht, dafür war keine Zeit. Schließlich hatten wir auch noch die Feldarbeit zu erledigen.

»Nun muss ich mich aber sputen, Jen... Junge«, beeilte ich mich, mich zu verabschieden. »Onkel Herbst hat viele Obstbäume und auch ganz viel Gemüse, das muss gegossen werden und das Unkraut gejätet. Da gehe ich Tante Potter ein bisschen zur Hand.« Ich dachte an die vielen Kirschen, die an den Bäumen hingen und die wir vor den Staren ernten wollten. Bestimmt freute sich der Kleine auch, wenn ich mal was zum Naschen mitbrachte! Weil die aber heute alle mäkelig sind oder Allergie gegen was haben, fragte ich vorsichtshalber nach.

»Was ist denn dein Lieblingsgemüse, mein Junge?«

Das Kind grübelte.

»Mohrrüben esse ich gern und auch Erbsen. Und Nudeln«, sagte er so schelmisch, dass ich nicht recht wusste, ob das mit den Nudeln ein Spaß war. Immerhin hatte er zwei Richtige, und gegen die Mohrrübchen war auch nicht wirklich was zu sagen. Dass das Kind dachte, Nudeln wachsen im Garten, wollte ich nicht recht glauben.

Trotzdem wurde ich gewahr, dass viele Kinder heute gar nicht mehr wissen, wo das Gemüse herkommt. Die denken tatsächlich, Erbsen wachsen als kleine Kullern und sind dann einfach so da in der Gefriertruhe in der Kaufhalle.

Ich habe schon vor Jahren entschieden, mich nicht mehr aufzuregen. »Jeder ist seines Glückes Schmied«, heißt es so schön. Die jungen Leute werden schon merken, wohin sie ihre Chemie-Esserei führt und dass das nicht gesund ist. Das Pendel schlägt mal in die eine, mal in die andere Richtung, und ich sage Ihnen, es geht wieder vom Tütchenaufreißen zurück zum Gesunden aus der Natur. Das sehen Se ja überall schon; es gibt ja kaum noch was ohne Körner und Bio drin. Trotzdem ging mir der Bengel nicht aus dem Kopf. Konnte das wirklich sein, dass der dachte, Nudeln wachsen im Garten? Wundern würde es mich nicht. Den ganzen Tag nur Fernsehen, Händi und Mittagbrot aus der Büchse. Wenn mal! Meist stopft die Berbersche ja Dönner in ihn rein, weil sie sagt, da ist viel Gemüse drin, und das ist gesund. Sicher, aber wenn ich mir die Pappe drum rum angucke und die sechs Löffel fetter Soße, die draufkommen ... und dann diese Fleischfetzen, bei denen keiner so genau weiß, was da alles für Viecher drin sind oder ob das Hautlappen vom Liften sind. Pfui Deibel.

Da kam mir schlagartig eine Idee:

Was, wenn wir den umkämpften Nachbarsgarten als Naturlehrwerkstatt herrichten würden? Wissen Se, so viele Bewerber, wie die für den Garten hatten – da gäbe es am Ende ganz viele Enttäuschungen. Und mit einem Naturschulgarten könnte man ganz vielen Kindern ein bisschen auf die Sprünge helfen. Wenn man da ein paar Nistkästen aufstellte, eine Auswahl an Pflanzen ... ach, in mir begann es sofort zu rattern. Die Einfälle überschlugen sich! Mir kam gleich der Herr Klaubschnucke mit seinem Herbarium in den Sinn. Kein Mensch will getrocknete Kräuter im Album angucken, aber in einem bunten, lebendigen Garten würde er den Kindern was beibringen können. Genau wie Herr Breuer, der seit bald fünfzig Jahren Vogeleier sammelte und in dessen Wohnzimmer es aussieht wie Ostern im Edeka. Oder Wilma Kuckert, deren Mann eigentlich Rechtsverdreher war, aber in der Freizeit auch ein leidenschaftlicher Jägersmann, und der ihr die ganze Wohnstube voll mit ausgestopften Vögeln hinterlassen hat. Sie kann sich schwer trennen und die muffig-staubigen Dinger nicht wegschmeißen, aber für die gute Sache würde sie bestimmt gern was davon hergeben. Kurt könnte mit den Kindern an ein, zwei Nachmittagen im Monat Vogelhäuschen bauen, und vielleicht könnten wir sogar eine Karnickelricke mit ihren Jungen in einen kleinen Verschlag setzen? Ach, ich sage Ihnen, in mir sprudelten die Gedanken! Aber dafür musste ich mir Verbündete suchen.

Ich habe ja schon einige Male Ilse und Kurt erwähnt. Sie erinnern sich bestimmt an das nette ältere Ehepaar mit dem Koyota? An den Kurt, der uns auch beim Bäumeverschneiden geholfen hatte? Er und seine Ilse waren immer schon Selbstversorger mit Obst und Gemüse. Bei Gläsers kommt nichts in den Topf, was nicht auf der eigenen Scholle geerntet wurde.

Schon früher, als beide noch berufstätig waren, nahmen sie sich immer die Zeit für den Garten. Das war ein Ausgleich zur Arbeit für beide, und Ilse als Lehrerin hatte ja auch ganz andere Möglichkeiten, sich Hilfe zu verschaffen. Wissen Se, wenn die Zwiebeln rausmussten, wurde eben kurz der Stundenplan von Mathematik auf Schulgarten umgeschrieben, und es ging rüber zu Gläsers in den Garten.

Ja, gucken Se nicht so entrüstet. Was sollte denn werden? Wissen Se, Kurt als Elektriker kam immer erst spät von der Arbeit, und da freute der sich, wenn die Bollen schon aus der Erde waren und gebündelt zum Trocknen unterm Verandadach hingen. Ilse war eine gute Lehrerin, die die Stärken und Schwächen jedes Schülers genau kannte. Der Hubert beispielsweise, der

Große von Braumeisters aus der Goethestraße, der war mehr fürs Praktische. In der Mathematik hatte er seine Schwächen. Ilse wusste das und sagte seufzend: »Da ist wirklich Hopfen und Malz verloren. Der Junge hat es nicht mit den Zahlen, der muss sich nackig ausziehen, um seine Brustwarzen zu zählen.« Also schickte sie ihn im Frühjahr, wenn der Spargel spross – Gläsers hatten zwei Reihen vom edlen Gemüse am Zaunrand, nur so viel, dass es jeden Tag für eine Mahlzeit reichte –, rüber zum Stechen. Sie ließ ihn die Stangen zählen und wiegen und das Durchschnittsgewicht ausrechnen und alles solche Sachen. Jetzt dürfen Se nicht denken, dass Ilse den Bengel für ihr Privates ausgenutzt hat. Nein! Die Rechnerei klappte so viel besser, als Hubert es an der Tafel mit dem Kreidestummel in der schwitzenden Hand hingekriegt hätte. Da wäre der nie auf ein vernünftiges Ergebnis gekommen. Na, und wenn im Gegenzug der Spargel gestochen war, das war dann eben ein positiver Nebeneffekt. Ilse hat das auch mal mit Erdbeeren probiert, aber das hat sie nur einmal gemacht. So was geht nur mit Gemüse, was man beim Ernten nicht naschen kann, das verstehen Se sicher. Kaum zwei kümmerliche Handvoll Früchte waren im Korb, aber Hubert hatte Bauchweh und rote Flecken auf dem Hemd, dass der Direktor erschrak, weil der dachte, Ilse hätte den Hubert ein Schwein schlachten lassen.

So etwas in der Richtung schwebte mir vor. Ein Schulgarten, eine Art Lehrgarten. Man sah doch an den Sportsfreunden von Günter Habichts Rüpeltruppe, dass Bewegung an frischer Luft den jungen Leuten guttut!

Heute muss man das natürlich ein bisschen moderner

machen als einfach einen Lehrgarten anlegen und die Kinder Kartoffeln racken lassen wie unsereins früher. Was meinen Se, was die Hubschraubermuttis sich aufregen würden, wenn eines der Kleinen vielleicht von einer Biene gestochen wird oder sich die teure Niethose beschmaddert. Ich besprach mich mit Herrn Alex, der Rechthaben studiert, also Jura, und der in einer Wohngemeinschaft bei mir im Haus wohnt. Ein sehr umgänglicher, zuvorkommender junger Mann mit Anstand und Manieren, der hat immer ein Ohr für mich und packt mit an, wenn ich Hilfe brauche. Dafür mache ich für ihn die Hausordnung mit. Eine Hand wäscht die andere, und Renate Bergmann wischt die Treppe, sozusagen. Herr Alex weiß gut Bescheid und kündigt auch immer die Zeitungsabonnemongs für mich, die die einem am Telefon aufschwatzen. Ich kann doch so schwer Nein sagen, wissen Se, aber Herr Alex fährt mit denen Schlitten! Seine Mutter sitzt im Schulamt, jedenfalls, wenn sie nicht in Therapie ist. Von den Vorgängen da ist sie immer mal wieder so mit den Nerven durch, dass sie ein paar Wochen Auszeit braucht. Mit der hat sich Herr Alex beraten und meinte, die Idee wäre prima, lobenswert und lehrreich, aber er sähe da keine Schangse, das umzusetzen, wenn man den Weg über die Schule geht. Wissen Se, wir in Berlin haben ja noch eine Instanz mehr, nämlich die Bezirke. Wir haben den Senat, dann die Bezirke und darunter die einzelnen Schulen. Wenn einer eine Idee hat, zum Beispiel, dass man die Risse in der Wand im Klassenraum wohl mal neu verputzen müsste, dann werden erst mal Konferenzen einberufen. Jeder will mitreden und seine Bedenken vortragen, und alles wird über mehrere Jahre diskutiert, und es werden Gutachten vom Denkmalschutz, von der Gesundheitsbehörde und sonst wem alles eingeholt. Von allen Seiten. Derweil fällt der bröckelnde Putz endgültig von der Wand. Dann gackern noch die Lehrer mit, die Schülervertretung, der Datenschutzwilli und der Landeselternverband. Und wenn man denkt, man hat irgendwas in trockenen Tüchern, was noch ein Mü von der Ursprungsidee enthält, dann kommt die Whatsäpp-Gruppe der Hubschraubermuttis ins Spiel und stoppt das Ganze mit einer Klage, weil es keinen Extraraum für die Weganer mit alleinerziehenden Vätern und Doppelnamen gibt. Nee, deshalb konnte man das nicht über den offiziellen Weg der Schule machen. Herr Alex riet dazu, einfach Tatsachen zu schaffen.

Und so überwand ich mich und traf mich mit Frau Schlode. Sie kennen Frau Schlode? Sie ist Kindergärtnerin und Chorleiterin. Sie musiziert für ihr Leben gern und ist immer vorne dabei, wenn es darum geht, was darzubieten. Damit kann die einem jede Feier versauen, sage ich Ihnen. Die Frau kennt nämlich beim Singen kein Maß. Bei einem Rentnernachmittag würden doch drei Lieder und ein nettes Gedicht als Kulturprogramm gut hinreichen, schließlich wollen wir Alten Kaffee trinken, wenn es schon mal eine Tasse Krönung außer der Reihe gibt, und uns ein bisschen unterhalten. Da kommt man schon mal raus und hätte die Gelegenheit, mit anderen betagten Herrschaften zu plaudern. Aber nee! Dann lässt die Schlode zweieinhalb Stunden lang Frühlings- oder Herbstlieder singen. Beim Erntedank-Kaffee im Rentnerverein war der Bi-Ba-Butzemann schon das dritte Mal um das Männlein, das im Walde steht, rum, und sie dirigierte immer noch mit Inbrunst, man sah kein Anzeichen, dass das nun bald ein Ende findet. Na ja, jedenfalls hatte ich die Hoffnung, sie mit dem Lehrgarten ein bisschen von der Singerei wegzukriegen. Die Schlode kennt ja Hinz und Kunz, wissen Se, bevor die kleinen Geister eingeschult werden, kommen die Lehrerinnen ja schon immer und begucken sich den Nachwuchs. Die wollen ja auch ungefähr wissen, was für Haudegen in der Brut, die sie demnächst zu behüten haben, dabei sind, und deshalb hat sie einen Draht zu den Schulen im Kiez. Beziehungen sind doch alles!

Günter Habicht war für die Idee gleich Feuer und Flamme. Man konnte gegen den ollen Stiesel ja sagen, was man wollte, aber mit Kindern konnte der überraschend gut. Er war ein pedantischer Pantoffelheld und ständig im Streit mit anderen Leuten, aber wenn es um junge Menschen ging, kam sein gutes Herz durch. Sicher, er brubbelte sie an und führte ein scharfes Regiment, aber hinter der rauen Fassade meinte er es gut. Das ist eben so: Wenn man will, dass aus jungen Menschen was wird, muss man fördern und unterstützen, aber eben auch mal leitplankengebend eingreifen. Das konnte man nicht nur daran sehen, wie er seinen Trupp von straffälligen Rüpeln mit eiserner, aber helfender Hand dirigierte, nee, mir fallen da auch gleich die Neugärtner von Parzelle 5 ein.

Ganz vorne, gleich am Hauptweg, fuhrwerkten die rum. Auf dem Eckgrundstück hatte sich eine Gruppe junger Leute einen Garten gemietet. Fragen Se mich nicht, wie die den Habicht rumgekriegt haben, ihnen die Parzelle zu geben. In meinen Augen waren die in keiner

Weise geeignet, das Fleckchen Grün zu einem vernünftigen Garten zu machen, aber bitte. Er wird sich dabei was gedacht haben! Es war keine Familie, wie wir Alten es kennen, also aus Mutter, Vater und Kindern, sondern eine »Kommunitie«. Jeden Abend waren andere abgehetzte Büromenschen zum Gießen da. Die waren alle ganz blass, die Männer bärtig und die Frauen dürr. Erst nach drei, vier Wochen hatten wir einen Überblick; es waren insgesamt ein Dutzend Leute, die sich den Garten da teilten. Die einzig Gesprächigen waren ein Pärchen aus Kreuzberg. Das Fräulein hieß Hennie und ihr Freund, ein stämmiger Südländer, Ingmar. Es gibt solche Leute, die muss man nur angucken, und man weiß, warum es Schuhe mit Klettverschluss für Erwachsene gibt. So was hatten wir hier vor uns stehen. Gertrud kam über den Hund mit ihnen ins Gespräch. Raucher und Hundehalter finden ja immer ein Thema und können Fremde ansprechen, ohne dass es aufdringlich oder neugierig wirkt. Als Gertrud die beiden mit der Zinkkanne hantieren sah, schnappte sie sich Norbert und nötigte ihn zum Gassigehen. Norbert wollte gar nicht, der hatte schon gemacht und hätte lieber weiter vergeblich versucht, Schmetterlinge zu fangen, aber Gertrud zerrte ihn vor bis zum Hauptweg. Keine zwei Minuten später war sie mit dem Mädchen im Gespräch. Na, da war es für mich dann nicht schwer, wie zufällig auch rüberzuschlendern und mich dazuzustellen. Und wenn eine Renate Bergmann erst mal mit Leuten in Kontakt ist, na, dann erfährt sie auch, was sie wissen will, das können Se sich ja denken! Also, wie gesagt, sie hießen Hennie und Ingmar und waren Teil dieser »Kommunitie«, die den

Garten gemietet hatte. Alle machten in Kreuzberg oder Berlin-Mitte in irgendwelchen Startapps Projekte, meist was mit Medien. So genau habe ich es wirklich nicht verstanden, das klang alles sehr tönern und wackelig. So richtig wussten die es zum Teil selbst nicht, jedenfalls konnten sie mir nichts zeigen und auch nicht sagen, wo man es angucken kann. Wenn einer was arbeitet, was man nicht anfassen kann, ist mir das ja immer suspekt. So richtig glücklich waren die aber offenbar auch alle nicht. Wissen Se, Tischfußball und Mackiatolatte während der Arbeitszeit hin oder her, irgendwann ist es auch mal genug mit Computer-Geklopfe und geschwollenem Gequatsche von Deddleins und Performanz. Hauptsache, es ist Englisch und klingt modern! Man muss ja für alles neue Wörter haben, am besten noch englische, dann gefällt es den Leuten auch. »Örben Gardening« reicht als Stichwort, und schon ziehen die überdrehten jungen Dinger Gummihandschuhe an, weil das nämlich ein Trend ist und die jungen Leute, die nur Öko essen, das alle schick finden. Genauso ist es mit »Food Truck«. So ein Quatsch, ich dachte sonst was, was das ist! Wir haben früher Imbisswagen dazu gesagt. Aber mit einer Bockwurst im Brötchen kriegen Se eben keinen mehr an die Verkaufsklappe, deshalb frittieren die nun importierte Pommies und wickeln sie in Zeitungspapier und nennen das Gehabe »Food Truck«. Die Welt will mit Worten und schicker Verpackung verklappst werden, aber im Grunde will jeder was Handfestes.

Wissen Se, die sitzen da den lieben langen Tag über in leeren, kalten Fabrikhallen, weil das modern ist. »Industriedesign« und »Loft« sage ich nur. Ich habe so was mal gesehen, als ich Stefan bei einem Kunden besucht habe. Das war ihm sehr unangenehm, aber der Junge hatte seine Stullen vergessen, die musste ich ihm doch wohl bringen? Nicht mal geheizt war es da, und sie hatten puren Beton an den Wänden. Puren Beton! Nicht tapeziert, kein schönes Bild an der Wand! Dabei wäre nun wirklich Platz gewesen für eine große Alpenlandschaft mit röhrendem Hirsch. Da fühlt man sich doch nicht wohl auf Dauer, also wirklich! Jedenfalls sind die anscheinend auf den Trichter gekommen mit Gemüse. Der Herr Ingmar guckte die ganze Zeit auf dem Händi ein Video an, während Gertrud und ich uns mit Fräulein Hennie unterhielten. »Entschuldigen Sie bitte die Unhöflichkeit, dass ich hier am Handy hänge, aber wir müssen heute noch den Kompost anlegen, sonst wird der nichts«, sagte er bierernst. Gertrud guckte den an, als ob sie mit beiden Beinen fest auf dem Schlauch stünde.

Der studierte tatsächlich ein Video im Internetz und lernte, wie man einen Kompost ansetzt. Er machte das streng nach Rezept und wog die Abfälle grammgenau ab. Man wollte es nicht glauben! Wissen Se, unsere Komposthaufen waren auch ohne Betriebsanleitung prima gelungen. Überall hatten wir Berge von Laub, kleinen Ästen und auch Stroh vorgefunden, als wir Gunters Wildnis übernommen hatten. Manches war schon so weit vergangen, dass Gertrud und ich das als Kompost durchgehen ließen. Das schütteten wir im Schatten, unter dem Birnbaum, erst mal auf und brachten es dann später auf die Beete aus. Das andere Zeug, was die Regenwürmer noch nicht ganz zu nahrhafter Erde verdaut hatten, kam in die Mitte, und ganz rechts häuften wir frisches Laub, abgeharkten Rasen und was so an Grünschnitt anfiel auf. Man muss da gucken, dass man Trockenes mit feuchtem Material abwechselnd schichtet. Zwischenrein gaben wir immer eine kleine Schicht fertigen Kompost, wissen Se, da sind so viele winzig kleine Lebewesen drin, die riesigen Appetit auf Gartenabfälle haben, das geht dann ganz fix mit dem neuen Kompost. Man muss das nicht studiert haben. Die Natur macht schon länger Kompost, als es Lehrfilmchen beim Jutjup gibt.

Norbert legte den Kopf schief und machte »Wuff«. Gertrud und ich nicht. Obwohl es wohl gepasst hätte.

Der Kerl guckte tatsächlich im Interweb ein Video an und lernte, wie man einen Komposthaufen macht. Wenn einer so lebensfremd ist, dann kann ich mir schon denken, wie es mit den Startapp-Projekten funktionierte. »Hennie, wir haben keine Kartoffelschalen. Wir brauchen unbedingt 300 Gramm Kartoffelschalen! Was machen wir denn nun?«, rief er erschrocken. Der geriet richtig in Panik, und Hennie, dieser Krisenbraten in Latzhose, wusste auch keinen Rat. Wir konnten ihn aber beruhigen, denn gern steuerten wir Kartoffelschalen für seinen wissenschaftlich geschichteten Komposthaufen bei. So nebenher hörten wir dann raus, dass die jungen Leute im Laufe der letzten zwei Jahr wohl schon alles Mögliche ausprobiert hatten. Er sprach die ganze Zeit von »Örben Gardening«, was eben wieder Englisch ist und »Urban Gardening« geschrieben wird. Das ist Gärtnern in der Stadt. Sie haben sich wohl zwei große Kübel auf den Hof von ihrem Betonwandbüro gestellt und versucht, da ein paar Tomaten zu ziehen. Das ging aber so was von in die Hose, denn wo kein Sonnenstrahl hinkommt, da wächst auch kein Gemüse. Da können Se gießen, bis sich das Wasser unten staut und alles verfault. Das hat es wohl auch getan, und die Abgase der Stadt taten ihr Übriges. Außerdem standen die anderen jungen Leute, die da startappten, zum Rauchen immer um Hennies Tomatentöpfe rum und aschten darin ab. Das gab den Pflänzchen den Rest.

Danach haben sie wohl allen möglichen anderen Kram durchprobiert. Gurken auf dem Balkon, dann haben sie auf dem Tempelhofer Feld ein Beet angelegt, was aber vom strengen Hundeurin so verseucht war, dass selbst Flugzeugbenzin nicht so ätzend gewesen wäre. Hennie erzählte, dass sie auch ein Abo für eine Gemüsekiste gemacht hatte. Da bezahlt man wohl soundso viel Geld an einen Ökobauern und kriegt dafür jede Woche eine Kiste Gemüse geliefert mit dem, was der Garten hergibt. Das ist regional und bio und alles, was gerade modern ist und die Leute hören wollen. Aber es ist eben auch damit verbunden, dass der Bauer die Kiste in die Stadt liefern muss. Und so kam an jedem Sonnabend ein klappriges Lieferauto in eine fürchterlich stinkende Diesel-Rauchwolke gehüllt bei ihr im schönen Kreuzberg vorgefahren und lieferte die Gemüsekiste. Das passte nicht recht zusammen. Eine Nachbarin startete gleich eine Petition, nachdem sie in eine Tüte geatmet und sich wieder halbwegs beruhigt hatte. Ingmar rief ins Gespräch rein: »Man muss aber auch sagen, dass da jede Woche weniger kam. Ab September gab es im Grunde nur noch Kartoffeln, und für zwei Pfund Kartoffeln sind 59 Euro doch ein bisschen happig.« Er streute eine Prise gemahlenen

Kalk auf sein Laub und guckte weiter im Händi in seine Zubereitungsanleitung für das Kompott. Entschuldigung für den Kompost, meine ich.

Ja, die jungen Leute, sie wollen alle in der Stadt leben, wo es pulst und lebendig ist, aber dann regen sie sich auf, dass da Autos fahren, und sehnen sich wieder nach Landleben. Äppel statt Äpps. Das muss alles erst richtig zusammenfinden, wenn Se mich fragen.

Und deshalb war der Naturschulgarten genau das Richtige, und auch wenn man sich nicht selber loben soll, muss ich doch sagen, dass es eine gute Idee war, die Cornelia Schlode und den Günter Habicht da zusammenzubringen. Die Schlode war froh, den Kindern die Natur nahebringen zu können, der Habicht war froh, für sein Förderprojekt, über das er da noch ein bisschen Geld bekam, was vorzeigen zu können, und ich war froh, dass die Schlode mal auf andere Gedanken kam und nicht schon wieder anfing, mit dem Männerchor das Weihnachtsoratorium einzustudieren. Von Stund an wirbelten die Truppenteile nebenan mit uns geradezu um die Wette. Wir Omas buddelten vielleicht nicht so schnell, aber mit Erfahrung und Liebe zum Garten.

Günter Habicht beobachtete uns nach wir vor misstrauisch. Der glaubte noch immer nicht so recht daran, dass wir beiden ollen Frauen diesen Garten auf Vordermann bringen würden. Eines Nachmittags flog der sogar wieder mit seiner Schnüffeldrohne über unsere Parzelle, überlegen Se sich das mal.

Der Habicht kreiste ferngesteuert immer wieder durch die Gärten und guckte nach, ob auch geharkt und gegossen ist. Die Frau Bratfisch aus dem Nelkenweg traute sich gar nicht mehr im Bikini auf die Liege, weil sie sich beobachtet vorkam. Nur Elisabeth, wissen Se, die alt gewordene Aktivistin ohne Büstenhalter, das Dalmatinerfrauchen, die winkte immer in die Kamera und machte sich obenrum frei. Da heulte die Drohne nur kurz auf in der Luft und verschwand alsdann.

Bei Fuchsigs flog der Habicht besonders gern Patrouille, wenn die den Grill anzündeten. Herr Fuchsig sagte, sobald er Berner Würstchen auflegt, verzieht sich die Drohne, und keine zwei Minuten später steht der Günter Habicht wie zufällig mit zwei Flaschen Bier an der Gartenpforte. Berner Würstchen isst er gern. Die Fuchsigs aßen deshalb nur noch Putenschnitzel vom

Grill, wenn sie mal Lust auf Berner Würstchen hatten, briet Regina die in der Pfanne in der Laube.

An einem Sonnabend im Frühsommer war vielleicht was los! Ich war sehr früh in den Garten gefahren, wissen Se, es sollte ein heißer Tag werden. Der Wettermann hatte über 30 Grad auf dem Quecksilber vorherorakelt.

An solchen Tagen erinnere ich mich gern an meine Kindheit. Die angenehme Kühle im Flur kommt mir in den Sinn. Es konnte draußen die Sonne noch so sehr sengen, bei Oma und Opa im Flur war es immer angenehm kühl. Oma lüftete morgens, wenn sie zum Melken in den Stall ging, kräftig durch, und wenn sie gegen fünf zurück ins Haus kam, um Mutter und uns Kinder zu wecken, verrammelte sie alles und hängte die Fenster mit dicken dunklen Vorhängen ab. So blieb es immer angenehm im Flur. Auf der Terrasse, die von Efeu umwachsen war, ging auch immer ein leichter Wind. Wenn wir abends, müde vom Tagwerk, auf der Veranda saßen und ein Glas von Omas frisch geseihtem Obstsaft tranken, mussten wir eine Decke für die Füße haben, damit wir uns nicht erkälteten. Da hatte Mutter immer ein Auge drauf. Heute brauchte man nun beileibe keine Decke, so heiß war es.

Der großen Hitze gehe ich gern aus dem Weg, und deshalb machte ich mich noch vor Tau und Tag auf den Weg raus zum Garten. Nun bin ich schon grundsätzlich keine, die bis in die Puppen schläft. Bei mir läuft um allerspätestens halb sieben der Kaffee durch, und Katerle hat sein Fresschen im Napf. Aber an diesem heißen Tag nahm ich bereits den ersten Bus um kurz nach fünf. Ich goss und sprengte und brachte Brennnesseljauche

– selbstverständlich angemessen verdünnt – aus. Gunter hatte ja überall Tuppen, Kübel und Eimer mit angesetzten Jauchen stehen, als wir im Frühjahr hier die Pflegschaft des Gartens übernommen hatten. Pfui Deibel, kann ich da nur sagen. Das ist biologisch-dynamisch und gut für die Pflanzen, jawoll. Das weiß ich. Und wenn ich es nicht gewusst hätte, hätte ich es gelernt, denn jeder – vom Habicht über Kurt bis hin zu Kirsten und jedem, aber wirklich jedem Pächter – belehrte uns, dass Brennnesseljauche ganz was Feines sei. Fast so viele Leute, wie sie uns Alten im Sommer ständig sagen, dass wir viel trinken sollen, sprachen über die Wunderwirkung von Brennnesseljauche. Trotzdem kippten Gertrud und ich erst mal alles weg, was Gunter da stehen hatte. Wissen Se, wir mussten ja erst mal Ordnung reinkriegen. Es wusste letztlich auch niemand, was da alles vor sich hin gärte und wie lange schon. Man darf sich nicht bekleckern, wenn man mit der Brühe hantiert, glauben Se mir das. Nur ein klitzekleiner Spritzer auf den Fuß … ich sage Ihnen, das stinkt zum Himmel! Als ich abends auf meinem Schäselong saß, die Füße hochgelegt hatte und Nachrichten gucken wollte, kroch mir das ganz penetrant in die Nase. Ich hatte erst Katerle in Verdacht. Wissen Se, das ist ein alter Katzenherr, der auch schon mal unplanmäßig Gas ablässt, da muss man mit allem rechnen. Aber es roch anders. Brennnesseljauche! Ich sage Ihnen, ich habe die Strumpfhose gleich über Nacht eingeweicht, mit ein paar Spritzern Tosca im Wasser.

Nee, das musste alles erst mal weg, was Gunter Herbst da an Zaubertrank gären hatte. Wir feudelten die Bretter vom Verschlag mit dem groben Reisigbesen ab, fegten den gepflasterten Unterstand schön sauber und setzten wieder neue Kräuterjauchen an. Schachtelhalm, Ringelblume, Brennnessel und ... eins habe ich vergessen, entschuldigen Se. Aber ich bin nicht Erika Krause, die Gartenmoderatorin, nein, ich bin Renate Bergmann, mir lassen Se das bitte durchgehen, ja? Jedenfalls brachte ich von dem Gebräu gut was mit dem Gießwasser aus. Man nimmt beim Gießen immer einen kleinen Schluck von der Jauche mit ins Wasser. Es muss aber wirklich sehr stark verdünnt werden, sonst sterben die Pflänzchen fast schneller als die Riechnerven in der Nase. Das stärkt das Wachstum, ist gut gegen Blattläuse und überhaupt. Es ist im Grunde wie die grünen Algentabletten, die Ilse im Verkaufsfernsehen ständig für teuer Geld bestellt: Es schadet nicht, man fühlt sich gut und hat ein Thema, über das man unverfänglich mit anderen reden kann.

Ich machte mich gerade daran, frische Brennnesseln, die hinterm Schuppen sprossen, für einen neuen Jaucheansatz zu schneiden, da sah ich Frau Deckert vom Veilchenweg mit einem Blumenstrauß zu Elisabeth in ihren »Garten Tausendschön« marschieren. Die hatte doch nicht etwa Geburtstag?

Hm. Wie ärgerlich, dass ich davon nichts gewusst hatte. Da musste man doch eine kleine Aufmerksamkeit vorbeibringen, so auf die Nachbarschaft. Die Leute gucken doch auf so was. Aber ich hatte natürlich weder Topflappen noch Weinbrandbohnen hier. Ich rief also gleich Gertrud an, die mit dem späteren Bus kommen wollte. Man kennt das ja, die Hundehalter haben immer eine Ausrede, wenn sie nicht pünktlich sind, so was wie »Wir mussten noch dringend Gassi«. Gertrud schläft morgens gern länger, manchmal bald bis kurz vor Mittag. Es hat schon Tage gegeben, da hat die bis halb acht im Bett gelegen, überlegen Se sich das mal! Da habe ich schon die Kartoffeln geschält für das Mittagbrot. Die müssen schließlich wässern, damit sich die Stärke setzt. Ich versuchte es gar nicht erst auf Gertruds Händiapparat. Sie hat zwar einen, aber der liegt meist in der Küche auf dem Regal hinter den Gewürzgläschen, und wenn sie ihn doch mal einstecken hat, dann ist mit Sicherheit die Batterie alle. Ich läutete deshalb auf dem Posttelefon an, und was soll ich Ihnen sagen? Nichts mit Gassi, die war noch immer zu Hause! In dem Fall war es jedoch ein Glück, denn so konnte ich sie bitten, ein kleines Geschenk für die Schlehdornsche mitzubringen. »Aber nicht so teuer, Gertrud. Weinbrandbohnen reichen, es muss kein Mongscherie sein.« Blumen musste sie auch nicht kaufen, wozu hatten wir schließlich Astern und Dahlien? Es ging doch nur darum, als Nachbarn zu zeigen, dass wir daran gedacht hatten und dass wir Gesundheit und Glück für das neue Lebensjahr wünschten.

Die Deckertsche musste Elisabeth aus dem Schlaf geklopft haben. Ganz sicher konnte man sich nie sein, wissen Se, die lief immer mit zotteligen offenen Haaren rum, und ihre merkwürdigen Tuchkleider konnte man nun wirklich nicht von Nachthemden unterscheiden. Solche Leute schlafen erfahrungsgemäß lange, diese Alternativen sind das aus ihrer Kommune so gewohnt. Die beiden kicherten vergnügt und tranken einen Kaffee in Elisabeths »Sternenguckerecke«, wo sie zwischen Traumfängern und Pappelgras gerne bis spät in die

Nacht saß, Wasserpfeife rauchte und in den Himmel guckte.

Kaum war Frau Deckert weg, marschierten auch Fuchsigs mit Blumen rüber. Die mussten die gekauft haben, bei denen wuchs doch fast nur Rasen! Nur das absolute Muss von ein paar Quadratmetern hatten sie mit Kohlrabi bepflanzt, und dazwischen mickerte Fuchsigs Tränendes Herz vor sich hin, weil er ständig Senker davon abstach. Ich schnappte mir rasch ein paar Zuckini vom Strauch und machte mich auf, rüber zur Deckert, um zu fragen, wie alt Elisabeth überhaupt wurde. Ich schätzte sie auf gute siebzig. Frau Deckert winkte ab, als sie meine Zuckini sah, und erzählte was von einem ganz prima Rezept für Gurkensalat mit untergerührten geraspelten Zuckini. Ich brachte das Gespräch ganz direkt auf Elisabeth – wissen Se, normalerweise wäre ich diskreter vorgegangen, aber Gertrud und ich waren hier sozusagen zu Gast und konnten ja nicht wissen, zum wievielten Male der Schlehbusch jährte. Da wirkt eine direkte Frage nicht neugierig, sondern zeugt von Interesse für die Mitmenschen. Frau Deckert verstand das auch genau so und korrigierte mich lachend: »Nein, nein, Frau Bergmann. Sie hat keinen Geburtstag. Sie hat goldene Hochzeit!«

Was? Goldene Hochzeit? Da war ich aber baff.

Ich hatte da noch nie einen Mann gesehen!

Frau Deckert winkte mich ein Stückchen näher an sich ran und flüsterte mir zu: »Sie wissen doch, wie diese Leute sind. Mit dem Bürgerlichen haben sie es nicht so. Aber noch bevor sie sich ideologisch und sexuell befreit hat, hat sie geheiratet. Den Klaus. Ein feiner Kerl, die beiden verstehen sich prima! Aber eben eher freundschaftlich. Klaus lebt mit einer seiner ... Freundinnen in Reinickendorf. Die, mit der er zwei Kinder hat. Er hat noch eins mit einer Französin, aber da weiß ich nichts Genaues. Der kommt heute Nachmittag zum Kaffee, da können Sie ihn kennenlernen!«

Mir blieb ja fast die Spucke weg. Sodom und Gomorrha! Na, ich war mir recht sicher, dass ich den nicht kennenlernen wollte. Mit solchen losen und unsteten Verhältnissen will ich nichts zu tun haben. Mir reicht schon, dass die Berber mit ihren wechselnden Herrenbekanntschaften unser ganzes Haus in Verruf bringt. Sobald Gertrud mit dem Konfekt hier war, würden wir kurz und knapp gratulieren, wie es sich gehört, und uns dann an die Buschbohnen machen. So weit kommt es noch, dass sich eine Renate Bergmann mit solchen Leuten an einen Tisch setzt!

Ich dankte Frau Deckert, die mir natürlich noch ein paar Pfund Zuckini mitgab (viel mehr, als ich ihr gebracht hatte! So ein Ärger!), und hakte gerade die Gartenpforte hinter mir zu, als ich Norbert schon um die Ecke fegen sah vom Hauptweg. Für den Hund war die Kolonie ja ein Paradies, hier konnte er sich mal austoben und richtig Hund sein. Nach acht Metern Lederriemen kam auch Gertrud um die Ecke, klatschnass geschwitzt, so hatte Norbert an der Leine gezerrt und sie zum Rennen gezwungen. Das tat ihr aber gut.

»Ich bin fix und fertig, Renate, der Köter schafft mich!«, begrüßte sie mich. Norbert hatte sich sein Plätzchen im Schatten gesucht und hechelte schwanzwedelnd nach einem Napf Wasser, den ich ihm natürlich brachte. Gertrud schenkte sich auch ein Glas erfrischendes Wasser ein. Wir hatten immer einen Krug und zwei Gläser da stehen, wissen Se, Trinken ist wichtig, erst recht bei der Hitze. Das kann man auch gar nicht vergessen als alter Mensch, das sagen einem ab 25 Grad so viele Leute, dass Sie überhaupt nicht umhinkönnen, als ständig Gänsewein zu schlabbern. Aber ohne Kohlenwasser, davon muss Gertrud immer so aufbauern. Das verträgt sie nicht. Wir tranken »bleifreies« Wasser. »Trink bitte reichlich, Gertrud, wir müssen gleich rüber zur Elisabeth zum Gratulieren. Die hat Goldhochzeit. Bestimmt müssen wir anstoßen mit einem Likörchen, da ist es besser, wenn man eine Grundlage hat. Hast du gut gefrühstückt?«

Was für eine Frage. Gertrud frühstückt immer. Gut und reichlich.

Sie hatte einen Pralinenkasten mitgebracht, der war auf 1,99 € gekommen. Das langte völlig. Ich hatte, noch bevor Gertrud angekommen war, einen schönen Strauß Dahlien abgeschnitten. Das erledigt man ja besser, bevor die Sonne hochzieht und brennt, sonst verwelken die Blumen bald. Wir machten uns auf den Weg zu Elisabeth. Ich wollte das erledigt haben, bevor der angetraute Klaus da erschien und man noch in Gespräche verwickelt würde, die einen nur in unangenehme Situationen brachten.

Elisabeth wandelte gerade barfuß durch ihren Garten und streichelte zärtlich das Pampasgras. »So schönes Gras, und ich darf es nicht rauchen!«, kicherte sie. Die hatte doch schon wieder genug! Gertrud und ich gratulierten höflich und wurden gebeten, auf der Hollywoodschaukel Platz zu nehmen. Ich lehnte das ab, wissen Se, wenn man sich da mal reinplumpsen lässt, kommt man nur mit größter Mühe wieder unfallfrei raus. Als alter Mensch bevorzugt man stabile, etwas höhere Stühle, aus denen man auch ohne Hilfe hochkommt, ohne hinterher zum Orthopäden zu müssen. Elisabeth dankte überschwänglich für die Glückwünsche, Blumen und das Präsent, und ehe wir uns versahen, schenkte sie ein.

Ich bin keine Weinkennerin. Also keine, die den Südhang rausschmeckt. Aber wenn man mir Rotwein eingießt, und ich koste, dann ... doch, dann sag ich: »Wein!« Ein bisschen kenne ich mich schon aus. Das hier hielt ich für Likör, aber Elisabeth behauptete, es wäre Obstwein mit speziellen Kräutern drin. »Wer Sorgen hat, hat auch Likör«, heißt es so schön, und da Elisabeth jede Sorge bereits im Anflug mit ihrer Kräuterpfeife wegrauchte, brauchte sie keinen Likör. Ich sagte nichts weiter und ließ das mit dem Wein auf sich beruhen. Elisabeth zeigte auf den Schuppen, durch dessen offen stehende Tür man eine ganze Armee von Weinballons sehen konnte. Ich jedenfalls konnte das sehen, Gertrud musste erst die in Schwung gekommene Hollywoodschaukel abbremsen und sich sehr weit nach vorne lehnen, damit sie es sehen konnte. Dabei bekleckerte sie sich ihre gute Bluse mit dem Kräuterweinlikör. Sehr ärgerlich, das musste man gleich kalt einweichen und vorsichtig mit Gallseife austupfen. Bloß nicht reiben, damit macht man alles nur noch schlimmer! Das war wirklich ein süffiges Getränk, und wenn eine was von ordentlich Umdrehungen im Schnaps versteht, dann ich. Opa hatte eine eigene Destille in der Scheune, um deren Verlust ich heute noch trauere. Gertrud war schon so benebelt von zwei kleinen Schlucken, dass sie noch immer nicht gemerkt hatte, dass irgendwie der Bräutigam fehlte, und so ergriff ich die sich bietende Chance beim Schopfe und blies zum Aufbruch. Wir hatten der Höflichkeit entsprochen, gratuliert und sogar angestoßen, mehr konnte nun wirklich keiner erwarten.

Das alles war nicht die Art von Jubiläumsfest, die ich kenne und gewohnt bin. Und ich bin nicht nur wegen meiner vier Ehen vom Fach, sondern auch wegen der großen Anverwandtschaft! Denken Se nur, ich hatte vorletztes Frühjahr den Fall, dass ich von April bis August auf sieben Hochzeiten eingeladen war. Auf sieben! Und überall war ein Mann vorm Altar mit dabei, auf einer sogar zwei. Mit der Verwandtschaft habe ich nicht so viel Kontakt, ein-, zweimal im Jahr telefoniert man und schreibt sich Karten zum Geburtstag, zu Ostern und zu Weihnachten, na, und wenn man mal in der Nähe ist, dann schaut man auch mal auf eine Tasse Kaffee rein. In meinem Alter reise ich nicht mehr so viel wie früher, aber gerade die jüngeren Leute kommen doch gern mal nach Berlin. Der eine oder andere läutet dann an, bestimmt auch mit dem Hintergedanken, bei mir vielleicht eine billige Übernachtungsmöglichkeit zu finden. Ja, es ist eher ein loser Kontakt, aber immerhin so eng, dass bei großen Familienfeiern eben an die alte Tante Renate gedacht wird. Sieben Hochzeiten! Da war die Tochter von Wilhelms Cousine, der Sohn von Ottos Schwester, ach, ich hätte mir einen Stammbaum aufmalen sollen, damit ich Ihnen das besser berichten kann. Aber ich glaube, Sie sind auch so im Bilde.

Es ist ja bei solchen Anlässen immer die Frage, was man schenkt. Einerseits fühle ich mich nicht groß verpflichtet. Wissen Se, nur weil da über einen Mann, den schon seit Ewigkeiten der grüne Rasen deckt, verwandtschaftliche Bande bestehen, sind das im Grunde doch fremde Leute für mich. Andererseits will man sich, wenn man schon eingeladen ist und so groß gefeiert wird, auch nicht lumpen lassen. Die gucken doch! Am Ende wird noch geredet. Mit einem Kaffeeservice oder einem schönen Satz Handtücher brauchen Se ja heutzutage nicht mehr ankommen. Die sind ja alle sehr eigen und haben einen komischen Geschmack, da macht man nur was falsch. Meist wollen sie nur Geld. Junge Leute wollen immer Geld, aber das sehe ich nicht ein. Wissen Se, ich habe eine auskömmliche Rente, jawoll. Aber es ist eben eine Rente, und die ist immer schmal. Und die paar Taler, die ich übrig habe, stecke ich lieber denen zu, die mir wirklich nahestehen, also meinem Neffen Stefan und seiner Familie. Bei sieben Hochzeiten hätte ich einen Kredit aufnehmen müssen, um nicht als knauserige olle Tante dazustehen. Aber eine Renate Bergmann ist nicht von gestern und weiß sich auch so zu helfen. Es sind immer welche dabei, die sich nicht an »Wir freuen uns über einen kleinen Geldbetrag« halten und doch ein Geschenk mitbringen. Die Päckchen stehen meist neben dem Büfett auf einem Gabentisch. Ich habe also eine hübsche Hochzeitskarte gekauft, gute und wirklich von Herzen kommende Wünsche darauf notiert und sie dann unauffällig an den prächtigsten Karton unter das Schleifenband geklemmt. Wissen Se, an so einem Tag, bei der Aufregung, da weiß doch hinterher keiner mehr, wer wem welches Geschenk überreicht hat. Einer beglückwünscht den Bräutigam, einer die Braut, und dann fallen so Sätze wie »Ach, die schönen Blumen, Herr Ober! Können wir wohl noch eine Vase …?« oder »Das wäre doch nicht nötig gewesen, ach, und so hübsches Geschenkpapier … na, schwer ist es auch, da bin ich aber gespannt, was drin ist … wir stellen es erst mal auf den Tisch. Ach, Onkel Frieder, wie schön, dass du auch gekommen bist!« und so weiter und so weiter, Sie kennen das bestimmt.

Das ist bis jetzt immer gut gegangen, da mache ich mir gar keine Sorgen. Ich habe zwei Wochen später eine Dankeskarte mit Foto vom Brautpaar gekriegt. Weiß der Henker, von wem das Präsent war und was überhaupt drin war, aber die dachten nun, es war von mir. Ja nun, wissen Se, wir müssen alle gucken, wo wir bleiben. Sie hatten wunderbaren Lachsschinken auf dem Büfett, ganz zart. Da habe ich noch wochenlang von gegessen. Das Vorlegebesteck war 925er Silber, wunderhübsch. Da habe ich nun auch was im Schrank, falls es doch mal nicht klappt damit, eine Karte anzuheften.

Ich war froh, dass wir unsere Schuldigkeit getan hatten, hakte Gertrud unter, und wir verabschiedeten uns und wünschten Elisabeth noch einen schönen Hochzeitstag. Mit Gertrud war nicht mehr viel anzufangen. Wir wuschen das Geklecker aus ihrer Bluse und gönnten uns eine kleine Mittagsruhe. Gertrud kann ja immer schlafen, erst recht nach Elisabeths Obstgebräu, und ich war schon früh auf den Beinen gewesen an dem Tag und deshalb recht müde.

Beim Mittagsschlaf ist es ganz komisch, manchmal

schnobbele ich nur zehn Minuten weg und bin danach wie benebelt, wenn ich aus Morpheus' Armen wieder hochschnelle. Dann weiß ich nicht, wie spät es ist, welcher Wochentag ist und muss genau überlegen, wo ich überhaupt bin. Kennen Se das auch? So war es jedenfalls auch nach meinem kleinen Nickerchen an diesem Tag. Regelrecht rammdösig war ich! Ich war auch nicht von selber wach geworden, sondern ein heulendes Motorbrummen hatte mich geweckt. Zum Glück sammelte ich mich recht schnell und sah vorne am Hauptweg einen Bus rückwärts in die Kolonie stoßen.

Ach du liebe Güte, was war denn das? Ich weckte gleich erst mal Gertrud, damit die sich was anzog. Ihre Bluse war nach den wenigen Minuten auf der Leine schon schranktrocken. Der sanfte Wind und die Mittagssonne hatten ganze Arbeit geleistet, und wer auch immer in dem Bus saß, musste meine Freundin nicht im Büstenhalter auf der Hollywoodschaukel schlummern sehen.

Es war ein richtig alter Bus. Oldtimer, sagt man wohl. Er kam nicht bis zu uns nach hinten, sondern machte vorn am Abzweig zum Rosenweg halt. Der Bus war innen und außen mit Girlanden und Blumengebinden geschmückt. Musik erschallte, und als er eingeparkt hatte, stiegen an die zehn Leute aus, und es begann ein großes Geherze und Geküsse mit unserer Goldhochzeitsjubilarin Elisabeth. Man wollte gar nicht so genau wissen, wer da alles wen küsste und früher schon geküsst hatte, wahrscheinlich war einer der Herren der Bräutigam und ein paar der Frauen seine ... die ... die Konkubinen.

Gertrud und ich hatten gerade die Brillen aufgesetzt

und rätselten, wer da wohl zu wem gehörte und mal gehört hatte, da ertönte ein lauter, wütender Schrei. Manchmal sieht man doch in Tierfilmen diese riesigen Hirsche, die brünstig brüllen. So ein Schrei war das, und er kam von Günter Habicht. Ich fürchtete um seinen Blutdruck, so aufgeregt war der.

»Können Se nich lesen? Hier ist Einfahrt verboten! Der ganze Weg kaputtgefahren. Na, da weiß ich ja, wer Arbeitsstunden ableistet nächste Woche. Und der Split ist aufgewühlt!« Habicht ging richtig aus dem Sattel und bekam eine Gesichtsfarbe, die bestimmt nicht gesund war. Vor ein paar Jahren war mal Blutmond, da bin ich extra aufgeblieben und habe das angeguckt, aber es war so gruselig, dass ich hinterher albträumte. So wie Mutter Luna am Himmel in dieser Nacht, so ungefähr war auch der Habichtkopf eingefärbt. Hat der sich aufgeregt! Als er mitkriegte, dass eine Frau den Wagen gefahren hatte, kam er noch mal mehr in Fahrt. Er wollte ihr den Schlüssel wegnehmen und den Bus selber vor zur Straße steuern. »Sonst geht hier noch mehr kaputt. Ich sehe die Karre schon in der Hecke stecken, geben Sie mir den Zündschlüssel mal her ... Wenn ich das schon sehe ... ich kann gar nicht hingucken!«. Habicht war außer sich. Er tobte und brüllte, dass er mehr Jahre Berufserfahrung hinterm Lenkrad hatte als das Mädelchen überhaupt auf dem Buckel, aber die Busfahrerin – ein hübsches junges Ding von vielleicht dreißig Jahren – ließ sich gar nicht von ihm aus der Ruhe bringen. »Lassen Sie mal gut sein, Kollege, und gehen Sie mir lieber aus dem Weg. Nicht, dass es am Ende noch Ärger gibt, wenn ich Ihnen über den Fuß fahre. Und merken Sie sich: Wir Frauen können viel mehr als den Bus nur sauber machen.« Daran hatte der Habicht erst mal zu kauen. Nachdem Elisabeth zugestiegen war und es sich die Hochzeitsgesellschaft auf den Sitzen bequem gemacht hatte, steuerte sie das Gefährt gefühlvoll Richtung Straße, und der Bus mit dem feiernden Volk knatterte von dannen, in eine stinkende Rußwolke gehüllt. Es war eben ein altes Fahrzeug, wissen Se, als das gebaut wurde, wusste man noch gar nicht, was Feinstaub ist.

Der Habicht kam den ganzen Tag nicht zur Ruhe. Erst lief er von Parzelle zu Parzelle und erzählte allen, was sowieso jeder gesehen und gehört hatte. Jeder sollte sich für Zeugenaussagen zur Verfügung halten. Frau Fuchsig brühte ihm einen Melissentee, trotz der Hitze. Danach hatte er sich wieder so weit beruhigt, dass er sich daranmachte, den Hauptweg zu harken. Schon bald war der Melissentee jedoch wieder aus dem Kreislauf, und er maß schimpfend die Tiefe der Busspuren mit einem Zollstock nach. An einer Stelle waren es wohl acht Millimeter, die sich das Rad in den Weg gedrückt hatte, und er schimpfte, dass er keinen Gips dahatte, um die Spuren zu sichern, wie sie es immer im Krimi tun. Das tat er auf einer weiteren Runde durch die Gärten jedem kund, was Frau Fuchsig zu Baldriantee greifen ließ. Den ganzen Abend über lauerte der Habicht auf die Rückkehr des Busses. Gertrud und ich fuhren ja, als wir mit dem Gießen durch waren und die Bohnen gepflückt hatten, am frühen Abend wieder in die Stadt rein nach Hause und kriegten das nicht weiter mit. Am nächsten Morgen empfing uns Günter Habicht schon vorn am Haupttor. Er hatte sich wohl entschlossen, den Eingang strenger zu bewachen. »Erst nach zwölfe waren sie zurück, überlegen Sie sich das mal. Mit ruhestörendem Lärm kamen sie hier an, das Radio im Bus volle Pulle und alle stramm wie die Nattern. Das hätten Sie sehen sollen! ›Wer schwankt, hat mehr vom Weg‹, sage ich dazu nur. Den Bus, den habe ich nicht noch mal raufgelassen auf die Kolonie. Wir haben schließlich eine Ordnung! An die muss sich jeder halten, goldene Hochzeit hin oder her. Hier vorn an der Straße war Schluss, von hier ab sind sie gelaufen.«

Wir erfuhren gleich, ohne dass wir hätten fragen müssen, was sich ereignet hatte. Der Klaus, also der Kerl, den die Schlehdorn da offiziell standesamtlich zugeteilt gekriegt hat vor fünfzig Jahren, der hatte diesen Bus organisiert und Elisabeth hier abgeholt. Sie sind dann mit dem Geschoss durch Berlin gebrummt und haben an sechs verschiedenen Kneipen haltgemacht und alte Freunde und Kampfgefährten getroffen, die jeweils zum Gratulieren und Anstoßen auf das Brautpaar gekommen waren. Wissen Se, die Arthrose und der Bluthochdruck machen ja auch vor der Revolution nicht halt, und die alten Kämpfer sind alle nicht mehr so gut zu Fuß. Aber auf einen Sprung und ein Bier und eine Runde Weltverbessererphilosophie in die alte Stammkneipe, das schafften viele noch. Und so machten sie in Spandau, in Reinickendorf, in Wilmersdorf und in Schöneberg halt. Zu jedem Treff kamen alte Freunde und überbrachten Glückwünsche und etwas zu rauchen. Wissen Se, ich finde das gar keine üble Idee. Es ist nicht meine Art zu feiern, nee, für mich kommt das nicht in Betracht. Ich begehe feierliche Anlässe doch lieber mit einem gesetzten

Essen. Aber für die Schlehdornsche war es schön, ihre ergrauten Partisanenfreunde mal wiederzusehen. Eine sehr nette Idee vom Klaus, dessen Freundinnen, Frauen und Kinder wohl auch alle mit dabei gewesen waren, wie Habicht schilderte. Na ja.

Das muss ja jeder für sich wissen.

Geschenkt haben sie der Elisabeth auch was, und zwar den großen eisernen Kessel, in dem sie in Wackersdorf jahrelang bei Wind und Wetter über offenem Feuer heißen Tee für die Protestanten gekocht hatte. Da flossen dann wohl ein paar Tränen der Freude, berichtete Habicht.

Günter Habicht war ja den halben Tag mit dem Zollstock unterwegs und nahm bei den Hecken Maß. Bei seinen Kontrollgängen überwachte er die ganze Kolonie. War etwas nicht in Ordnung, füllte er irgendwelche Formulare aus, die er selber entworfen hatte und die er auf der Schreibmaschine tippte. Einen Computer fasste er nicht an. »Affenkiste« nannte er so was. »Irren ist menschlich«, sagte Herr Habicht, »aber wer richtigen Ärger will, der braucht einen Computer.«

Wir hatten so eine Anklageschrift auch mal im Briefkasten am Zaun, was ich mir aber umgehend verbeten habe. Schließlich nisteten Meisen in dem Kasten, und dieser ungehobelte Piefke klemmte da seinen Mängelschein in den Schlitz? Unmöglich! So eine Freveltat! Dem bin ich gleich aufs Dach gestiegen, noch bevor ich seinen Tadel überhaupt gelesen hatte.

Das war ein Formular, wie es die Politessen mit sich tragen und auf dem man nur anstreichen muss, was das

Verbrechen ist. Bei uns hatte er »Spülgeräusche aus der Laube, Verdacht auf fest installiertes WC« angekreuzt.

Na, das war aber wohl ein ganz durchsichtiger Versuch, uns aus der Reserve zu locken! Damit ist er bei mir aber vor den Schrubber gelaufen. Natürlich hatte Gunter in sein Gartenhäuschen ein Spülklosett eingebaut. Fragen Se mich nicht, wo das Wasser herkam und wo es hinging, aber er hatte einen Thron. So was ist ja allerstrengstens verboten, und beim Erwischen droht einem wahrscheinlich Köpfen auf der Guillotine durch Günter Habicht persönlich. Deshalb vermieden Gertrud und ich die Benutzung. Da wir ja nicht in der Kolonie nächtigten und morgens zu Hause noch mal austreten gingen, war das auch nur im Ausnahmefall nötig. Und wenn eine von uns beiden doch mal musste, na, dann achteten wir aber genau darauf, dass die Laubentür zu war und man nichts hörte. Wissen Se, schon weil Gunter keine abgeschlossene Toilette hatte, sondern nur ein Vorhang den Verschlag mit der Schüssel vom restlichen Raum trennte. Da fühlte man sich nicht so richtig allein und ... ja. Also, die Tür war immer zu, wenn Gertrud oder ich austreten waren, und mit ganz großer Sicherheit hat der Habicht keine Spülgeräusche hören können. Davon sagte ich aber gar nichts, das war überhaupt nicht einzusehen. Der war nur neugierig und wollte die Laube inspizieren, aber dazu hatte er kein Recht! Und weil wir vorm Eingang auch einen hübschen farbenfrohen Streifenvorhang angebracht hatten, kam er mit seiner Drohne auch nicht rein wie bei Fuchsigs. Nicht, dass er es nicht probiert hätte, aber die Rotorblätter verhedderten sich in den Vorhangstrippen, und der Schnüffelflieger schmierte ab.

Bei Fuchsigs hatte er es jedoch geschafft einzudringen: Sie hatten sich bei offener Tür eine Stunde hingelegt und Mittagsschlaf gemacht, und der Habicht flog Patrouille und kitzelte Herrn Fuchsig fast an der Nase mit den Flügeln der drummenden Bohne.

Brummenden Drohne.

Na, da war aber was los! Herbert Fuchsig drosch mit dem Besen auf das Ding ein und brachte den erlegten Flieger dem Habicht persönlich, aber mit einer Standpauke, die die ganze Kolonie hat hören können.

Jedenfalls war ich nun dran, dem Halunken den Kopf zu waschen. Der konnte seine Strafzettel nicht einfach unseren Meisen in die Behausung stecken! Sicher, er hatte den Wisch nicht auf die Brut geworfen, sondern nur in den Schlitz geklemmt, aber Mama und Papa Meise mussten laut und entschieden schimpfen, bis Gertrud das Attentat entdeckte. Wir mussten doch wohl froh sein über alles, was die Natur wachsen und krabbeln ließ!

Nach Unkraut bückte der Habicht sich nicht. Er hatte einen ordentlichen Bauchansatz, deshalb konnte der sich gar nicht zum Franzosenkraut runterbeugen, ohne dass er ins Keuchen kam. Bücken tat er sich höchstens nach seinem Flaschenöffner, den er immer in der Hosentasche dabeihatte und den er ständig rausriss, wenn er sein Taschentuch (dass es nicht gebügelt war, muss ich wohl nicht erwähnen) herausfriemelte. Wenn Günter Unkraut erspähte, schrieb er das sofort auf ein Formular auf seinem Klemmbrett und scheuchte nachmittags, wenn seine Projektjungs kamen, zwei, drei von denen mit der Hacke los.

So prächtig sich der Garten auch rausmachte, so

traurig nahm ich das triste Grau der Stadt wahr, wenn ich abends nach Hause zurückkam. Ich finde das sehr schade, dass alles so verkommt und man sich nicht die Mühe macht, der Natur ein bisschen mehr Raum zu geben. Gerade in der Stadt ist das oft trostlos. Und dabei macht das doch wirklich nicht viel Arbeit! Wissen Se, für alles ist Geld da. Für Banken, aber nicht für Bänke. An den Parks oder auch nur zwei Quadratmeter grüner Hecke, die vielleicht an der Parkplatzecke sprießt, da wird gespart. Lieber pflastern sie alles dichte und setzen nebenher noch drei, vier einsame Bäumchen, die sie »Straßenbegleitgrün« nennen, dafür gibt es dann vor den Toren der Stadt »Ausgleichspflanzungen«. Die Straßen sehen oft aus wie Aufmarschplätze für Paraden in Nordkorea. Die paar Bäumchen sind kaum mehr als ein Feigenblatt, denn das »Straßenbegleitgrün« muss laut Gesetzblatt nicht regelmäßig gegossen und gepflegt werden, sondern wird sich selbst überlassen. Das spart Geld, und das hat ja heute keiner. Nur bei allerhöchster Hitze kommt das Grünflächenamt mit einem Tankauto und einem Kameramann von der Abendschau, und erst wenn es heißt: »Kamera läuft!«, ruft auch einer: »Wasser, Marsch!« Das ist nur fürs Fernsehen, die meiste Zeit leidet das bisschen Grün in der sengenden Sonne vor sich hin und verödet zur Steppe. Die Autoabgase und das Hundepipi tun ihr Übriges.

Wir haben direkt vorm Haus eine große Linde stehen, die uns mit ihren Schatten spendenden Blättern im Sommer allen viel Freude bringt. Jawoll, sie macht ein bisschen Arbeit. Wenn sie blüht, hat man überall einen gelben Staubfilm, später klebt alles und ist schmierig, und das fallende Laub muss auch weggeharkt werden. Aber der Baum spendet wie gesagt Schatten im Sommer und bietet Lebensraum für viele Piepmätze. Er ist uns allen im Haus viel wert. Jeder gießt die Linde, da machen auch die Meiser und die Berber mit.

Wenn man mal darauf achtet, staunt man ja, wofür man im Haushalt ständig das Wasser laufen lässt. Da wird mal ein Apfel abgespült, mal werden die Kartoffeln gewaschen, und bevor man einen Schluck trinkt, um die Tabletten einzunehmen, lässt man auch erst mal ablaufen, damit das abgestandene Wasser aus dem Rohr raus ist. Was da alles ungenutzt in den Gulli durchrauscht! Ich habe mir angewöhnt, das mit einer kleinen hübschen Kanne aufzufangen. Oma Strelemann hatte die immer auf ihrer Frisierkommode stehen. Wissen Se, früher hat man sich in der Schlafstube frisch gemacht. Wir hatten kein Bad, wir machten unter der Woche Körperpflege in der Küche am Waschnapf. Nur am Sonnabend wurde in der Waschküche gebadet. Frühmorgens, noch im Nachthemd, hat sich Oma Strelemann zwei, drei Handvoll Wasser ins Gesicht geschlagen und sich frisch gemacht an ihrer Frisierkommode, bevor sie sich den Dutt gesteckt hat. Die Kanne habe ich geerbt. Da gehen gut zwei Liter Wasser rein. Wissen Se, in heutigen Zeiten, wo ich eine gekachelte Badestube nur zwei Schritte weit weg hab, da brauche ich keine Frisierkommode mehr. Ich habe auch das Schälchen mit den Zähnen nicht auf dem Nachttisch stehen, sondern in der Badestube, schon weil es im Dunkeln so gruselig aussieht. Man muss da auch mit der Zeit gehen. In der Kanne fange ich das Wasser auf, das nur so vom Obstabwaschen sonst in den Rinnstein gehen würde, und gieße damit die Linde vorm Haus. Das kostet nichts und hilft dem Baum. Es ist nur ein kleiner Beitrag, aber rechnen Se mal: Dreimal am Tag kriege ich die Kanne immer voll, das ist eine ganze Gießkanne umgerechnet. Und auf die Saison gesehen kommt so einiges beisammen.

Frau Meiser hat sogar die Baumscheibe mit sündhaft teurer Blumenerde ausgestreut und bepflanzt. Da ist sie regelrecht über sich hinausgewachsen. Sie hat eigentlich gar kein Händchen für Blumen, bei der geht sogar der Kaktus ein, weil sie ihn nicht nur nicht gießt, sondern nicht mal abstaubt. Nur die Blumen auf ihrer geblümten Leckings, die gedeihen. Die haben jedes Jahr größere Blüten. Aber hier legte sie sich mal ins Zeug. Sie pflanzte allerlei Grün und ein paar Geranien unter die Linde, es war wirklich wunderhübsch. Ihr Bengel, der Jesen-Meddocks, musste sie knipsen, wie sie mit Harke und Gießkanne posierte, und sie zeigte es beim Fäßbock rum. Sogar die Frau Stadträtin kommentierte, dass es lobenswertes Engagement sei, und dankte für den schönen Beitrag für eine grüne und lebenswerte Stadt. An dem Tag winkte die Meiser auf dem Weg zur Arbeit aus dem Auto wie die englische Königin, so war sie in Hochstimmung. Da können Se sich ja vorstellen, wie sie fast zur Furie geworden ist, als der Hund von Wilma Kuckert sein Geschäft an der meiserschen Lindenbepflanzung machen wollte. Mit dem Besen ist sie schimpfend die Treppe runter, das hätten Se mal sehen sollen. Wilma hat das Hundchen, das die Beine schon breit hatte, regelrecht wegzerren müssen. So was muss aber nun auch wirklich nicht sein. Man sieht doch, dass sich Menschen da Mühe gegeben haben, da kann das Tier sich doch woanders entleeren! Frau Meiser hat dann jedenfalls einen kleinen Zaun um ihr hübsches Baumscheibenbeet gebaut und einen Zettel aufgehängt, dass das kein Hundeklo ist. »Sehe ich so was noch mal, setze ich einen Weidezaun mit Strom drin!«, brüllte sie Wilma nach.

Ich finde so was wichtig, dass man auch in der Betonwüste kleine Oasen von Bunt und Grün hat. Wenn man mit offenen Augen durch die Welt geht, woran erfreut man sich denn? Doch wohl selten an grauem Asphalt. Da mache ich mir immer einen kleinen Spaß. Studentenblumen kennen Se doch auch, oder? Die heißen so, weil sie billich sind und anspruchslos. Damit kommen sogar Studenten zurecht. Die wachsen üppig und müssen nicht gehätschelt werden, und doch blühen sie prächtig in strahlendem Gelb und Orange. Von denen nehme ich immer Samen ab im Herbst, und im Frühjahr verstreue ich den überall in der Stadt. Wissen Se, ob eine Oma nun Enten füttert oder Blumensamen streut, das fällt überhaupt nicht auf. Ariane hat vielleicht gelacht, als ich ihr davon erzählt habe. Ich sei eine »Guerilla-Oma«, sagte sie, eine Revoluzzerin. So ein Quatsch, ich war immer eine anständige Bürgerin, die sich nie was hat zuschulden kommen lassen, ich habe nie in meinem ganzen Leben bei der großen Hausordnung geschwänzt oder geschludert, und die Anzeige wegen Beleidigung von Frau Bräckert wurde abgewiesen. Sie ist eine dumme Pute, und das ist keine Beleidigung, sondern die Wahrheit, pah! Ariane sagte: »Tante Renate, du bist richtig, wie du bist«, gab mir ein Küsschen auf die Stirn und zeigte mir, wie man Samenbomben baut. Das ist ganz leicht,

Lisbeth und Agneta halfen auch gleich mit: Auf einen Teil von meinem Samen von den Studentenblumen kommen je fünf Teile Erde und fünf Teile Tonpulver. Das wird alles vermengt und mit gerade so viel Wasser verrührt, dass ein fester Teig entsteht. Darin knetet man aber nicht lange rum, sondern formt Kügelchen – na, ich sage mal, größer als Gehacktesbällchen für das Frikassee, aber kleiner als Königsberger Klopse. Die lässt man ein paar Tage gut durchtrocknen, und danach kann man die Dinger überall hinschmeißen, wo man es gern ein bisschen bunt hätte im Sommer. Am besten macht man das, wenn Regen angesagt ist. Ich bin im Frühjahr mit Gertrud durch Spandau spaziert und habe die Bällchen überall hingeschmissen. wissen Se, zwei Omas, die einen Ball schmeißen, sind im Grunde unverdächtig, wenn sie einen Hund dabeihaben.

Wir kamen mit unserem Gärtchen, also mit der »Hauptparzelle« 9, die Gunter Herbst gepachtet hatte, gut zurecht. Arbeit ist ja immer, das ist im Garten nicht anders als im Haushalt. Wenn nichts wächst – das Unkraut wächst und will gehackt werden.

Und nebenan, das Stückchen Land, das Gunter einfach okkupiert hatte, das machte mir auch keine Sorgen mehr, jetzt, wo sich da jeden Tag Schulklassen und Kindergartengruppen tummelten. Wir hatten wirklich mehr als genug zu tun, das nunmehr in Saft und Kraft stehende Gärtchen zu bewirtschaften, und man darf sich nichts vormachen – auch Gunter würde in Zukunft damit ausgelastet sein.

Der hatte im Frühjahr seine Operation, wie es nicht anders zu erwarten gewesen war, gut überstanden. Die reine Oh-Pe im Krankenhaus war ja Routine und hatte prima geklappt. Die wissen schon, wie man das macht, die sind doch in Übung. Wenn Se einen Spitzenkoch bitten, eine Gans zu tranchieren, zerlegt der Ihnen den Vogel auch in null Komma nichts, während man sich selbst mit der Geflügelschere abmüht und das gute Kleid mit Fett vollspritzt.

Wissen Se, mit dem Operieren sind se ja schnell dabei heutzutage, weil sie damit gutes Geld verdienen. Die kriegen pro Operation soundso viel, und alles, was der Patient mehr an Aufwand macht als die Norm, geht vom Gewinn weg. Deshalb ist alles »durchoptimiert«. Der Entlassungsschein ist quasi schon fertig, bevor Se vorne zur Tür rein sind. Die Krankenzimmer haben nicht mal mehr einen richtigen Kleiderschrank, damit gar keiner auf die Idee kommt, sich da häuslich einzurichten. Das ist nicht mehr wie früher in der »Schwarzwaldklinik«, wo man mit gebrochenem Bein sechs Wochen im Park in der Sonne lag und zum Mittag aus zwei Menüs wählen konnte! Denken Se sich das mal, nur ganz einen schmalen Spind wie in der Schwimmhalle hatte Gunter Herbst auf seinem Zimmer für die Sachen. Einliefern, ab unters Messer, und sobald man nicht mehr benebelt ist und wieder alleine austreten gehen kann, scheuchen se einen wieder nach Hause. Gerade mal zwei warme Mahlzeiten und zweimal Frühstück, und ich sage Ihnen, sogar daran sparen die noch! Graubrot und Margarine. So knapp bemessen, wissen Se, wenn man versucht, den Stich Schmiere gleichmäßig auf den zwei mickrigen Stullen zu verstreichen, muss man immer an früher denken, als es Fett nur auf Lebensmittelkarte gab.

Na ja.

Jedenfalls ist alles bis ins Kleinste organisiert, solange man im Krankenhaus ist, aber wie man zu Hause zurechtkommt, darüber macht sich keiner Gedanken. Man kriegt vier Tabletten mit, die gegen die allerschlimmsten Schmerzen helfen, und spätestens am nächsten Tag muss man zum Hausarzt und sich begucken lassen. Da muss man erst mal einen Termin kriegen, dann fängt der wieder das Diskutieren an, weil der Brief vom Krankenhaus noch nicht da ist und er nicht weiß, was er mit einem anfangen soll. Mit den Medikamenten hat der sich auch piepsig, weil alles von seinem Büdschee weggeht, was er einem aufschreibt ... na, ich muss Ihnen das nicht erzählen. Sie wissen das bestimmt selber. Jedenfalls sei es dringend angeraten, sich schon im Vorfeld Gedanken zu machen, wie es nach der Operation weitergeht. Erst recht, wenn man kein Springinsfeld mehr ist, sondern ein frisch operierter Mittachtziger wie unser lieber Gunter. Ich hatte Gertrud also beizeiten gemahnt, sich zu überlegen, was mit ihm passieren sollte. Ob Trauschein oder nicht spielt da keine Rolle, man steht füreinander ein und basta! Da langt es nicht, sich um den Garten zu kümmern! Das sagte ich Gertrud ganz klar und deutlich, und ich staunte doch sehr, wie gut sie sich schon vorbereitet hatte: »Gunter geht am 24. ins Krankenhaus. Immer vorausgesetzt, dass alles glattgeht, sieht der Plan danach so aus, dass er drei bis fünf Tage in der Klinik bleibt, Renate. Ich gehe mal von fünf Tagen aus, wir wissen beide, dass Gunter nicht mehr der Jüngste ist und dass so was seine Zeit braucht. Wenn er nach Hause kommt, werde ich vorerst bei ihm bleiben und ihm den Haushalt führen.«

Genauso kam es, und während ich alleine die Wasserkannen zum Spinat schleppte, wuselte Gertrud mit dem Schwesternhäubchen um Gunters Krankenlager rum. Sie schüttelte ihm die Kissen auf und goss Haferschleimsuppe mit der Schnabeltasse in den armen Mann rein.

»Ab 10. geht er zur Reha. Dann ist die Wunde so weit

verheilt, dass es nicht mehr suppt und sie mit ihm Übungen machen können.«

Ich staunte wirklich. Also, da hatte sich meine Gertrud bei Weitem mehr Gedanken gemacht, als ich ihr zugetraut hatte. »Oberschwester Hildegard«, dachte ich im Stillen bei mir, sagte es aber nicht laut, weil ich sie nicht ärgern wollte.

Es hatte auch alles prima geklappt mit der Verlegung in das Reha-Heim. Gunter war nach Bad Kleeberg verbracht worden. Er hatte nicht so viel Glück wie ich, die ich damals nach Wandlitz gleich vor den Toren Berlins kam. Bad Kleeberg liegt ein ganzes Stück weg, im Sauerland. Aber es hatte auch sein Gutes, so kamen wir nicht in die Verlegenheit, ihn ständig besuchen zu müssen. Wissen Se, wenn das nun auch noch von meiner Zeit abgegangen wäre – nee! Das wäre mir wirklich zu viel geworden. Ich hatte schließlich noch meine Männer zu gießen, und es war ein warmer Sommer. Da brauchten die jeden Tag ihre drei Kannen Wasser aufs Grab. Aber schön sind sie doch auch, diese Tage, an denen man vor Müdigkeit gar nicht zum Grübeln kommt, sondern gleich einschläft. So k. o. war ich nach der Arbeit im Garten! Wir machten immer sachte und übertrieben es nicht, aber trotzdem. In unserem Alter! Manche Tage schnobbelte ich gleich nach den Nachrichten im Fernsehsessel ein, während Katerle mir um die Füße schwänzelte, so müde war ich. Einmal ist was passiert, ach, da war ich trotz aller Müdigkeit wieder schneller aus dem Sessel hoch, als Se das einer alten Dame von zweiundachtzig mit operierter Hüfte zutrauen würden! Es war Donnerstag, ich weiß das so genau, weil die Berber da immer Sport hat. Sie macht sehr gern Sport. So gern, dass sie nur einmal in der Woche hingeht zu ihren Hupfdohlen, damit es was Besonderes bleibt und sich die Freude daran nicht abnutzt. Katerle schmiegte sich um meine Füße, und ich dachte noch: »Na, der hat aber zugelegt, der ist ja ganz schön pausbäckig geworden!« Doch dann präsentierte mir der Schlawiner stolz ein unversehrtes Mäuschen und ließ es laufen. Na, da war ich aber wach! Ich habe keine Angst vor Mäusen, aber in der Wohnstube will ich sie nun auch nicht haben. Er muss das Mäuschen auf dem Balkon erwischt haben, anders kann ich es mir nicht erklären. Geschimpft habe ich mit Katerle, laut und heftig, und die Wohnungstür aufgemacht, um ihn rauszuscheuchen. Just in dem Moment kam natürlich die Berber mit ihrer Glitzerleckings und dem Hulla-Hupp-Reifen die Treppe runter und sah, wie die Maus aus meiner Wohnung lief. Geschämt habe ich mich, das sage ich Ihnen. Die Frau denkt doch nun bestimmt, ich hätte Ungeziefer und wäre keine saubere Hausfrau! Womöglich meldet sie es noch den Behörden, und dann schickt das Gesundheitsamt einen Kammerjäger, und ich werde entmündigt und komme ins Heim. Fix und fertig war ich vor Angst und habe kein Auge zugetan die ganze Nacht, und das, wo ich doch so müde war. Erst am nächsten Tag konnte ich aufatmen, als sie mich freundlich im Hausflur grüßte und fragte: »Frau Bergmann, wo haben Sie denn eigentlich das entzückende Spielzeugmäuschen für Ihren Kater her?« Ich murmelte was von »Ariane« und »im Onlein bestellt« und machte mich erleichtert auf den Weg in die Kolonie. Was war mir für ein Stein vom Herzen gefallen!

Gertrud ging es ähnlich, nur dass mit ihr nicht Katerle, sondern Norbert vor dem Fernseher einschlief. Der Hund brauchte manche Tage nicht mal sein halbes Bier, was er sonst vor dem Einschlafen schlabbert, sondern pennte einfach ein, während Gertrud noch mit Gunter telefonierte.

Telefonieren mit einem schwerhörigen alten Mann ist keine einfache Sache, noch dazu, wenn neben einem ein großer Doberschnautzer schnarcht. Gertrud versuchte es wenigstens und bohrte brüllend spärliche Informationen aus Gunter heraus. Ja, schlecht hören kann er gut, der Gunter. Meist musste sie nach wenigen Minuten auflegen, weil die Nachbarn mit dem Besen gegen die Wand klopften. Sie wusste deshalb nicht wirklich, wie es Gunter Herbst ging, und war sehr geknickt.

Da kam mir meine Tochter in den Sinn.

Kirsten.

Es kostet mich immer wieder Überwindung, Ihnen von ihr zu erzählen. Ich habe keinen Grund, mich für sie zu schämen, das nicht. Sie ist ein wohlgeratenes Mädel, das das Herz auf dem rechten Fleck hat. Ein guter Mensch ist meine Kirsten, doch, ich glaube, darauf kann man sich einigen.

Auch wenn der Apfel angeblich nicht weit vom Stamm fällt, rollt er hin und wieder ein Stückchen und liegt dann da so rum im Gras, und auf den ersten Blick kommt niemand auf die Idee, dass er von diesem Baum ist. So ungefähr ist es mit Kirsten. Also, das hoffe ich zumindest.

Kirsten ist eine wunderbare Person, nur eben ein bisschen … anders. Anders als ich und anders als die meisten Leute. Sie hat durchaus was Vernünftiges gelernt, sie ist ausgebildete Krankenschwester. Richtig mit Zeugnis und Stempel! Aber irgendwie kreuzte dann das Esoterische ihren Weg, und nun meditiert sie gern im Schneidersitz, isst kein Fleisch und macht allen möglichen Schabernack mit geneigten Leuten, die ihr dafür Geld bezahlen. »Achtsame Gehmeditation«, zum Beispiel, ist ihr neuester Schlager. Da geht sie mit den Leuten spazieren und passt auf, dass die nicht stolpern und richtig ein- und ausatmen. Das machen Ilse und ich auch gern, aber da heißt es: »Ilse, lass uns mal eine Stunde spazieren gehen, aber nicht so schnell, dass man aus der Puste kommt«, und wir bezahlen uns auch nicht gegenseitig mit 59 Euro die Stunde für die Begleitung.

Unser Mutter-Tochter-Verhältnis ist ein bisschen angespannt, seit ich ihr einen Korn zur Stimmungsaufhellung in ihren Smufie getan habe. Sie hat beim Sonnengruß gewackelt und die ganze Zeit gekichert, als sie Joghurt gemacht hat.

Joga.

Kirsten kümmert sich um Kleintiere mit psychischen Problemen und pinselt alles mit Stutenmilch ein. Sie legt Karten, pendelt die Zukunft aus und macht Joga für den Frieden, den inneren und den im Nahen Osten. Also, in Frankfurt (Oder). Da hat sie auch schon Seminare gegeben. Sie reist ja quer durchs Land mit ihrem Schnickschnack, jedenfalls wenn sie keinen halben Zoo in Betreuung hat. Kirsten macht so Zeugs, wovon die Leute sich gut fühlen, was jedoch weder Hand noch Fuß hat, sondern alles irgendwie nach Humbug riecht. Aber Kirsten rechnet seriös ab, mit Rechnung und Steuern, und sie ist in ihrer »Szene«, wie sie selber sagt, eine große Nummer. Die Leute flüstern sich den Namen meiner

Tochter als Geheimtipp zu. Dass sie dem Pudel von Frau Hofrat Moser abgewöhnt hat rückwärtszulaufen, so was spricht sich rum! Die Hofrätin lobt Kirsten nur in den allerhöchsten Tönen, und die kennt Leute ... na, jedenfalls hat sie gut zu tun, meine liebe Tochter. Sie lässt sich auch immer wieder was Neues einfallen, je nachdem, was für ein Problem es gibt oder was der Kunde so hören will. Vor Jahresfrist hat sie viel mit Detocks gemacht, und wir mussten alle geriebene Kohle essen, damit das Gift ausgeschleust wird, aber dieses Jahr ist sie wieder mehr mit dem Mond unterwegs. Von daher wunderte es mich überhaupt nicht, dass sie dieses Thema auch bei mir anschnitt, als wir telefonierten.

Kirsten und ich sprechen mindestens zweimal die Woche. Sonntagabend immer, das ist fest, da gibt es kein Entrinnen. Dann fragt sie ab, was ich »angestellt« habe in der vergangenen Woche, wie der Sonntag war und was für Termine nächste Woche auf dem Küchenkalender stehen. Es ist ein bisschen wie im Beichtstuhl. Nee, da kann man nichts sagen, sie passt auf mich auf, auch wenn sie weit weg im Sauerland wohnt. Aber dass die Mutti mit zweiundachtzig Jahren keine Dummheiten macht oder tüddelig wird und den Termin bei der Fußpflege vergisst, das ist ihr wichtig. Wissen Se, im Grunde ist es mir auch ganz recht so. Es ist nicht immer leicht, alt zu werden. Ich schreibe Ihnen ja meist nur die erbaulichen Geschichten auf, um Sie nicht zu verschrecken oder Ihnen Angst vor dem Alter zu machen, aber ab und an drückt die Last der Jahre schon. Die Knochen wollen nicht mehr so richtig, die Augen lassen nach, und man wird vergesslich.

Vergesslich ... sehen Se ... Was wollte ich eigentlich?

Ach, ich weiß wieder.

Es ist mir ganz angenehm, dass Kirsten mit »loser Leine« ein bisschen einen Blick auf mich hat, mich aber trotzdem selbstständig mein Leben leben lässt. Das ist nicht bei allen in meiner Generation so. Wenn ich das bei Gertrud sehe ... Die Tochter kommt jeden Tag zu ihr und legt ihr manchmal sogar die Sachen raus, wenn es kühler wird! Na, für mich wäre das nichts. Gute Manieren achte ich wirklich, aber man muss auch aufpassen, dass Dinge, die auf den ersten Blick wie gute Erziehung aussehen, nicht umschlagen in eine Frechheit. Ich mache Ihnen ein Beispiel: Wenn meine Kirsten mir in den Mantel hilft, ist das nett und höflich. Letzthin, als sie in Berlin auf Besuch war und wir Mittag essen gehen wollten (ich koche für die mit ihrer Körnerpickerei schon lange nicht mehr selbst), packte sie mich jedoch auch noch an den Schultern, drehte mich zu sich um und fing an, ihn mir zuzuknöpfen wie einem Vorschulkind. Da war die Grenze dann aber überschritten. Man wird als alter Mensch ganz schnell behandelt, als wäre man ein bisschen plemplem, wenn man keine Grenzen zieht. Oder ein anderes Beispiel: Wir saßen im Restaurant und studierten die Karte. Meist ist man ja wie erschlagen von der Auswahl an leckeren Gerichten und kann sich kaum entscheiden. Vieles kennt man vielleicht auch gar nicht und rätselt, was das überhaupt ist und ob man Appetit darauf hat. Ob man wohl nach einem Seniorenteller fragen soll oder ob sie einem auch Salzkartoffeln statt dieser modernen frittierten Kartoffelstäbchen machen? Da ist man dankbar, wenn man eine Empfehlung bekommt. Kirsten hat mir Hühnchenschnitzel empfohlen. Das war sehr nett, wissen Se, Hühnchen ist schmackhaft, leicht verdaulich und auch gut zu kauen. Da hat sie mitgedacht, ich fand das wirklich aufmerksam und war froh, dass ich nichts mit Tofu essen musste. Als sie jedoch, nachdem der Kellner die Teller serviert hatte, anbot, mir das Fleisch klein zu schneiden, da ging mir das zu weit. Da fühlte ich mich auch wieder ein bisschen wie eine olle Tante behandelt. Irgendwie stockte unsere Plauderei ab dem Moment, und ich war sehr erleichtert, dass es nur ein kurzer Besuch war und sie bald wieder ins Sauerland abdüste.

Aber Gertrud lässt sich gern umsorgen und kümmert sich kaum noch selbst um was. Denken Se nur, die Gisela, also ihre Tochter, hat sogar die Geheimnummer von Gertruds Schippkarte und hebt Geld für sie ab! Na, da kriege ich gleich hochschießenden Puls, wenn ich mir vorstelle, dass Kirsten an mein Konto geht und mir das Geld zuteilt ... nee! Nüscht is! Da behalte ich den Daumen drauf, solange es noch geht. Es geht Kirsten gar nichts an, was ich auf der hohen Kante habe oder wie viel Rente ich kriege.

Die Große von Gläsers, also von Ilse und Kurt, die kümmert sich hingegen gar nicht. Dabei könnte sie, die ist nämlich vom Fach in Sachen Geld. Die Sigrid ist Steuerberaterin. Aber sie sitzt viel lieber mit ihren Zahlen bei schlechtem Licht im Büro als mal bei Mutti und Vati auf der Couch zum Kaffee. Die glänzt meist durch Abwesenheit, selbst an Feiertagen und sogar an Geburtstagen. Das letzte Mal war sie an Kurts 85. Geburtstag da, das ist auch schon wieder zwei Jahre her. Nee, das stimmt nicht, ich erzähle Ihnen Quatsch ... einmal haben Kirsten und Sigrid uns alle zum Weihnachtsfest ganz zauberhaft überrascht. Aber das habe ich Ihnen ja schon erzählt. Das darf man nicht in Abrede stellen, es war wirklich schön. Im Grunde ändert so eine einmalige Sache jedoch nichts daran, dass sie sich nicht kümmert.

Da findet Kirsten den ganz guten Mittelweg, das muss ich wirklich sagen. Verstehen Se, weshalb ich deshalb nichts auf sie kommen lasse, bei allem Zinnober mit ihrem Humbug und Schabernack?

Man muss aber aufpassen, dass sie sich nicht zu sehr einmischt. Als sie das gehört hat, dass ich Gertrud zur Hand gehe und wir uns um Gunters Garten ein bisschen mit kümmern, da fing sie gleich mit dem Mond an. Ich ahnte schon, wohin es führt. Opa Strelemann hat sich auch viel an das gehalten, was die Leute über den Mond sagten. Gut, er hatte auch tatsächlich immer große Kartoffeln, und das, obwohl er nun wahrlich nicht der dümmste Bauer war. Aber ob das am Mond lag oder daran, dass er mit ordentlich Pferdemist von unserem Braunen gedüngt hat, das sei mal dahingestellt. »Der Apfel fällt nicht weit vom Pferd«, heißt es so schön, und nach allem, was man so hört von den Gartenexperten, ist Pferdemist der beste Dünger neben Kompost. Kirsten jedenfalls suchte gleich ihre Seminarunterlagen vom Kursus »Gärtnern mit Mutter Luna« raus und belehrte mich von Stund an in jedem Telefonat.

»Was hast du denn heute Feines gemacht, Mama?«, fragte sie beiläufig, und ich ahnte ja nicht, was ich lostrat, als ich antwortete: »Gertrud und ich haben Kopfsalat ausgepflanzt. Die Setzlinge waren prima gediehen, und nun wurde es höchste Zeit, dass sie ins Beet kamen.«

Da war Stille am anderen Hörer.

»Kirsten?«, fragte ich besorgt. Es kann ja immer mal passieren, dass die Leitung einbricht oder die Batterie vom Fernsprecher leer ist. Mit Frau Knabe hatte ich das neulich, ich habe erzählt und erzählt und mich gewundert, dass sie nichts sagt. Aber wissen Se, die Knabe sagt nie viel. Erst als sie an der Haustüre läutete, habe ich es bemerkt. Wohl gut eine halbe Stunde muss ich mit einer toten Leitung gesprochen haben, die Knabe jedenfalls hat versucht, nach dem Zusammenbruch der Verbindung bei mir zurückzurufen. Als immer besetzt war – schließlich sprach ich ja, vermeintlich mit Frau Knabe! –, zog sie sich den Mantel über und läutete bei mir. So was Unangenehmes aber auch!

Kirsten war aber noch dran, sie machte nur irgendwelche Atemübungen, um sich zu beruhigen. Das macht sie sehr gern und fordert auch Fremde ohne Vorwarnung dazu auf. Kirsten findet es unverantwortlich, dass Menschen einfach so atmen. Ungeschult. Da kann man angeblich viel falsch machen. Nun bin ich zweiundachtzig Jahre alt geworden, ohne je eine Atemschule von innen gesehen zu haben, aber das lässt Kirsten nicht gelten. »Wir leben in einer so hektischen Zeit voller ungelenkter Energien!«, sagt sie dann vorwurfsvoll. »Da muss man sich Gedanken machen, wie man ...«

Ich hörte Kirsten merkwürdig schnaufen und bekam gleich ein schlechtes Gewissen. Hatte ich was Falsches gesagt? Wodurch war denn wohl ihre innere Balance ins Wanken geraten? Ich hatte doch nur vom Salat gesprochen!

»Mama!«, sagte sie, als sie wohl mit ihrer Übung durch war und wieder geordnet Luft bekam. »Ihr habt den Salat wirklich bei Neumond gepflanzt? Der wird nie was! Neumond ist der richtige Zeitpunkt zum Unkrautjäten, aber nicht zum Pflanzen!«

Himmel herrje. Wissen Se, ich habe vier Gräber zu versorgen und meinen Haushalt. Ich habe mich mit Mühe jeden Tag für ein paar Stunden freigemacht, um Gertrud im Garten zur Hand zu gehen, da kann ich nicht noch die Gestirne verfolgen und darauf achten, ob der Mond nun neu ist! Ich sagte das Kirsten auch, was aber ihre Gefühle so verletzte, dass sie das Gespräch beendete, nicht ohne mir einen selbst ausgearbeiteten Pflanzkalender in Aussicht zu stellen. Der kam auch nach ein paar Tagen hier an. Darin hatte Kirsten für jeden Tag eingetragen, wo der Mond steht und was gut oder eher ungünstig zu machen war. Ich las solche Sachen wie »Mond in Erdferne ist ungünstig für Saat und Pflanzung«, »Bei Neumond gejätetes Unkraut wächst nicht so schnell nach«, »Mond am Knoten ist ungünstig für die Aussaat« und »Obstbäume bei abnehmendem Mond schneiden, zwischen Vollmond und Neumond«. Ich hatte noch nie einen Knoten am Mond gesehen und wollte auch nicht nachmessen, wie weit er nun gerade von der Erde weg stand, deshalb verfolgte ich das Thema einfach nicht weiter.

Der nächste Sonntag war jedoch schneller ran, als mir lieb war, und ich bekam wieder einen Mondvortrag. Kirsten hatte sich mit viel Eifer in die Thematik eingearbeitet und referierte am Hörer. Ich ließ sie reden, wissen Se, der liebe Gott hat uns zwei Ohren gegeben, damit rechts gleich wieder rauskann, was einem die Leute links reinflüstern.

»Wenn die Jungfrau im Mond steht, wachsen Sträucher und Bäume besser an«, hörte ich Kirsten sagen. Gießen und Rasensprengen hält meine Tochter nur an den Tagen für nötig, an denen Krebs oder Fische auf ihrem Kalender in dem linken kleinen Kästchen stehen. Es gibt auch Blütentage, da ist das Wässern nach ihrer Theorie gar nicht wichtig. Düngen soll man nur bei abnehmendem Mond, weil die Pflanzen die Nährstoffe dann besser aufnehmen können. Für jede Maßnahme hatte meine Kirsten einen Spruch auf Lager. Ich wollte sie ein bisschen verklapsen und fragte, ob es wohl auch wichtig ist, wann ich mir die Haare schneiden lasse, aber da stieg sie erst richtig drauf ein: »Das hängt ganz vom Sternzeichen ab, Mama. Löwe und Jungfrau lassen sich besser bei Neumond frisieren, Fische besser bei Vollmond.« Ich wunderte mich nicht. Denn je absurder die Idee ist, desto heftiger setzt mein Kind noch einen drauf. Aber die ganze Humbug-Industrie ist auch ziemlich gerissen, das muss man denen lassen. Stellen Se sich mal vor, die würden jetzt alle Sternzeichen zum selben Termin in den Friseursalon bestellen. Was da los wäre! So teilen sie es schön auf. Schlau sind se, das muss man neidlos anerkennen. Da kann man noch was lernen.

Mit Kirstens Aktivitäten fällt es mir oft schwer umzugehen. Sie macht alles Mögliche und verdient auch gutes Geld damit. Nur neulich, da hatte sie einen Kursus angesetzt, für den gab es kaum Anmeldungen. Für »Giftpflanzen am Geschmack erkennen« konnten sich nur zwei Leute begeistern, und eine davon war Frau Babelstein, bei der schon einmal die Polizei war, nachdem man ihren Mann tot mit grünem Schaum vorm Mund gefunden hatte. Man konnte ihr aber nichts nachweisen.

Kirsten hat das Seminar dann »Bitterstoffe aus der Natur« genannt, und zack! waren fünfzehn Leute beisammen. Ich sagte nichts, als ich davon erfuhr, und dankte dem Herrn, dass Kirsten weit weg wohnt.

Ob ich die Bohnen nun am Dienstag oder am Donnerstag setze, ist mir gerade egal. Für Kirsten bedeutete es aber die Glückseligkeit, dass wir ihre Tipps annahmen und uns an den Mondkalender hielten. Zumindest konnte ich sie das glauben machen. Kirsten wirft mir ja ständig vor, dass ich kein Verständnis für ihre Methoden habe. Das wäre ein Zeichen von Altersstarrsinn und davon, dass ich alles um mich herum ausblende und mich nur auf mich fixiere. Da müsse man mal mit dem Pendel ran und ... danach habe ich nicht mehr zugehört. Ganz ehrlich, wie man es macht als alter Mensch, macht man es auch verkehrt. Ariane wirft mir oft vor, ich würde das Gras wachsen hören und Probleme herbeireden, wo gar keine sind. Da kommt dann immer die ... wie soll ich sagen? ... dringende Bitte, mich nicht einzumischen. Und von der anderen Seite, von Kirsten, werde ich kritisiert, weil ich nicht auf ihren Humbug eingehe. Ich möchte aber manche Dinge gar nicht verstehen! Wenn sie mich dienstags anruft und von selbst angesetzter Heilpilzlimonade berichtet und mittwochs fragt, wie man am besten Kätzchendurchfall aus dem Teppich bekommt – ja wissen Se, da sage ich lieber nichts als was Falsches!

Ich fand heraus, dass die Reha-Kur-Klinik, in die man Gunter Herbst eingewiesen hatte, gar nicht weit weg von Brunsköngel liegt, dem Ort, in dem Kirsten ... wirkt. Bis Bad Kleeberg ist es nur eine halbe Stunde mit dem

Auto. Und da die Telefonate von Gertrud nicht wirklich zu einer anderen Erkenntnis geführt hatten, als dass das Essen schmeckte, schaltete ich Kirsten ein. Da ist auf das Kind Verlass, sie als ausgebildete Krankenschwester weiß außerdem, worauf sie gucken muss. Sie setzte sich gleich in ihren wiesengrünen Porsche (fragen Se nicht!) und düste nach Bad Kleeberg.

Kirsten kann, wenn sie will, seriös und überzeugend auftreten. Sie ist ein positiver und gewinnender Mensch. Man merkt nicht auf Anhieb, dass sie einen »kleinen Flitz« hat, das kommt erst so nach und nach im Gespräch durch, wenn sie plötzlich fremde Leute nach Energiebahnen abtastet – noch dazu vielleicht an Stellen, wo die kitzelig sind. Sie marschierte also im Kurheim ein und besuchte Gunter Herbst. Gunter war wohl sehr erschrocken, sie zu sehen, aber noch geistesgegenwärtig genug, um einfach so zu tun, als würde er sie gar nicht kennen. Das brüllte er Gertrud am Abend danach durch den Hörer nach Berlin. Er freute sich aber auch ein bisschen, nach langen Wochen mal ein bekanntes Gesicht zu sehen, und zeigte stolz, wie prima er schon ein paar Schritte gehen konnte. Aber eben so, als wäre Kirsten eine Fremde. Gunter wollte partout nicht, dass der Eindruck, den Kirsten hinterlassen würde, auf ihn zurückfiel. Schließlich hatte er noch ein paar Wochen vor sich und wollte nicht als »der Opa, der Besuch von der Irren hatte« gelten. Zunächst ging wohl alles gut, Kirsten sprach mit Schwestern und Pflegern und trank mit allen Detocks-Tee. Den ganzen Nachmittag über war sie da. Erst als sie die Kurgäste im Park nach den Gestirnen ausgerichtet auf die Bänke setzte und Lach-Joga mit ihnen machen wollte, wurde sie gebeten zu gehen, und spätestens da erwies es sich als klug von Gunter, sie vorgeblich nicht zu kennen.

Kirsten beruhigte mich am Telefon.

»Onkel Gunter ist gut untergebracht, Mama. Er sagt nicht viel, aber das tut er ja nie. Angeblich hat er mich nicht erkannt, das kaufe ich ihm natürlich nicht ab. Da würde ich mir keine Sorgen machen. Der ist geistig voll da und kann auch schon wieder gehen, wenn auch noch ein bisschen wackelig. Aber er hat ja noch ein paar Wochen vor sich, und ich schwöre dir, wenn er den Entschlackungstee trinkt, den ich ihm dagelassen habe, tanzt der spätestens bei eurer Rentnerweihnachtsfeier wieder Walzer mit Tante Gertrud!«

Gunter hat noch nie getanzt, aber das konnte Kirsten ja nicht wissen.

Wissen Se, Männer, die krank sind, sind ja ein Thema für sich. Ich meine da gar nicht die, die bei jedem Schnupfen ihr Testament machen. Die sind noch eine andere Gattung. Mir geht es eher um die älteren Herren. Wir leben ja in einer Zeit, in der wir alle mehr oder weniger gleichberechtigt sind. Sicher, hier und da hakt es noch, aber wenn Se es mal mit früher vergleichen, sind wir doch einen großen Schritt weitergekommen. Was meinen Se, was Ilse noch für Kopfstände hat machen müssen, dass sie hat studieren und Lehrerin werden dürfen. Ihr Vater stellte sich da bockbeinig und meinte, das wäre bei einem Mädel verschwendet, wenn man sie auf die höhere Schule schickt. Es reichte, wenn sie Kochen, Backen und Nähen lernt und sich gut verheiratet. Nur Ilses Oma Meta ist es zu verdanken, dass sie doch auf die höhere Schule durfte. Oma Meta war sehr modern für ihre Zeit und mochte Ilse sehr. Sie drohte Ilses Vater damit, ihm das Haus nicht zu vererben, womit er aber fest gerechnet hatte, weil er der Älteste war. Oma Meta erwähnte beiläufig, dass sie Haus und Hof auch der Kirche hinterlassen könnte, und kaum dass die Haushälterin vom Pfarrer vorbeikam, um schon mal die Fenster wegen der Gardinen auszumessen, änderte Ilses Vater plötzlich seine Meinung, und das Mädchen durfte doch auf die Universität. Und was für eine prima Lehrerin ist sie geworden! Aber darum geht es gar nicht, ich wollte Ihnen nur klarmachen, in was für einer Zeit meine Generation groß geworden ist. Das müssen Se wissen, damit Sie mich nicht falsch verstehen. Denn für viele Männer, die es nicht gewohnt sind, sich von Frauen was sagen zu lassen, ist das heute im Alter nicht leicht, von »einer im Rock« rumkommandiert zu werden. Überlegen Se nur mal, dass bis vor nicht allzu langer Zeit Hausfrau noch ein Beruf war. Und dass Frauen, wenn sie arbeiten gehen wollten, dafür die Genehmigung des Mannes brauchten. Ich will die Zeiten nicht wieder, damit wir uns da nicht missverstehen, aber nun denken Se sich mal in so einen ollen Knöter wie den Gunter Herbst rein, der zeit seines Lebens mit seinen Händen gearbeitet hat, auf dem Feld, auf dem Hof und auch auf dem Hochseeschiff. Der sitzt da nun in seinem Bett, frisch operiert, und dann kommt so eine chronisch gut gelaunte Schwester mit Purzelbäume schlagender Stimme ins Zimmer und will, dass er Mandalas ausmalt. Gunter hat sein ganzes Leben noch kein einziges Mandala ausgemalt und will das auch nicht. Als sie ihn waschen wollten – natürlich auch »untenrum« –, hat er gebrüllt wie ein Löwe, dem ein Pavian an die Beute will: »FASS MICH DA NICHT AN, FROLLEIN!«

Die sind auf Männer nicht gut eingestellt. Es war ja lange Jahre so, dass es deutlich weniger Männer als Frauen gab. So viele waren im Krieg geblieben, ach, von alten Herren bis hin zu jungen Pimpfen musste doch jede Familie mindestens einen beweinen. Die fehlten danach an allen Ecken und Enden. Was meinen Se, warum ich mit unschuldigen neunzehn Jahren meinen Otto geheiratet habe, einen Herrn von neunundfünfzig? Nicht, weil er so eine gute Partie war, sondern weil es damals sonst kaum heiratsfähige Dreibeiner gab! Wissen Se, als Frau haben Se ab einem gewissen Alter doch keine große Auswahl bei den Herren. Mir ging es schon das ganze Leben hindurch so! Als ich ins heiratsfähige Alter kam und zum ersten Mal guckte, wie ich unter die Haube komme, da hatte uns der Krieg große Teile einer ganzen Generation genommen. Mir blieb nur Otto, der seinerzeit eben schon jenseits der besten Jahre war. Aber ich war neunzehn und drohte eine alte Jungfer zu werden wie Tante Minna, und so nahm ich ihn. Aber nicht für lange, denn schon bald nahm der Gevatter Tod ihn mir.

Als Otto recht bald heimgerufen worden war und ich eine Witwe wurde, erschrak ich sehr. Wissen Se, ich kannte Witwen als alte Damen, die den Rest ihres Lebens in Schwarz gingen und ein Häubchen trugen. Ich war jedoch Mitte zwanzig und fühlte mich noch viel zu jung! Jawoll, ich trug Trauer, wie es sich gehörte. Seinerzeit guckten die Leute einen noch schief an und rechneten mit, wie lange eine in Schwarz ging. Nicht nur das. Als junge Witwe stand man in allen Belangen unter strenger Beobachtung. Ich weiß noch, ich hatte, kaum dass Otto zu Grabe getragen war, viele Rennereien, und das neben der Arbeit: Das Bestattungshaus, die Lebensversicherung, ich musste zur Schneiderin wegen der neuen Bluse, wo ein Abnäher versetzt werden musste ... jedenfalls habe ich einen Blumenstrauß zwei Tage zu lang auf Ottos Grab stehen lassen. Da hat die alte Frau Hicketier sehr hässlich gesagt: »Na, kaum vier Wochen unter der Erde und schon Verwelktes auf dem Grab!« Das ging mir sehr an die Ehre, das kann ich Ihnen sagen. Und auch wenn Ehre heute kaum noch jemandem etwas bedeutet – ich habe eine im Leib! Von da an bin ich jeden Abend nach der Arbeit mit Harke und Kanne Richtung Friedhof geradelt, und zwar extra einen kleinen Umweg an der Hicketier'schen Kate vorbei. Vor der Tür habe ich laut mit meinem Gerät geklappert, damit die Dame es auch mitkriegt. Meist bin ich wieder umgedreht, es war ja nun wirklich nicht jeden Tag was zu gießen im Herbst. Aber DAS wollte ich nicht so in der Welt lassen! Im Grunde sitzt der Stachel bis heute tief, das muss ich zugeben. Die olle Hicketier hat mich sehr verletzt damals, und ich habe mir geschworen, dass mir nie wieder einer was nachsagen kann in Sachen Friedhofspflege. Bis heute und solange ich krauchen kann, kriegen meine Männer ihre drei Kannen Wasser aufs Grab, wann auch immer sie es brauchen, und sonnabends noch Dünger dazu!

Wie lange man in Trauer ging, war ja abhängig vom Grad der Verwandtschaft. Bei einem Ehepartner oder

Elternteil trug man ein Jahr lang Trauer, wenn es nicht so enge Verwandtschaft war, ein halbes Jahr. Das ist im Grunde wie mit dem Sonderurlaub heutzutage, wenn einer abberufen wird: Je enger verwandt man war, desto länger. Na, ich hatte jedenfalls keine Lust auf Schleier vorm Gesicht und rüstete die Witwenausstattung alsbald ab. Ich trug dunkle Röcke und Blusen, drüber meist einen schwarzen Pullover, und der Mantel war eh schwarz. Da sagte keiner was, jedenfalls nicht mir direkt ins Gesicht. Und hinterm Rücken wird sowieso immer geredet, egal, was man macht oder auch nicht. Auf Geschwätz und Getratsch darf man nichts geben, und ich musste schließlich auch gucken, wie ich wieder unter die Haube komme.

Seinerzeit war es ja noch verpönt, unverheiratet zu sein. Da dachten die Leute, dass was nicht stimmt mit der Frau, wenn sie allein war. Ach, ich will Ihnen gar nicht mit langen Berichten auf den Wecker fallen, wie ich nun zu meinen anderen drei Gemahlen kam, ich wollte nur sagen: Wir Frauen hatten es nie leicht bei der Partnerwahl. Bis heute nicht! Die Natur hat es nämlich so eingerichtet, dass wir eine höhere Lebenserwartung haben. Wenn ich mich umgucke, wer noch da ist in meiner Generation, dann sind das meist Frauen. Der Mann geht doch oft früher. Die wenigen Witwer, die zum Seniorentanz kommen, sind heiß umworben. Was meinen Se, wie die Krücken fliegen, wenn der Kapellmeister – obwohl, heute haben wir ja meist einen Didschey – »Damenwahl« ruft! Da werden sogar die Kerle zum Hecht im Karpfenteich, die in jüngeren Jahren keiner angeguckt hat. Selbst Gunter Herbst ist da Ziel der Begierde, und der Mann ist taub wie ein Kieselstein und kratzt sich bei Tisch mit dem Zeigefinger in der Nase. Da können Se mal sehen, wie schwierig die Situation ist!

Männer sind in unserem Alter heute knapp, und sie waren es schon immer. Die fehlten als Arbeitskräfte und als Ehemänner, und in der Pflege und in Seniorenresidenzen sind deswegen heutzutage viel mehr Damen als Herren. Und da fast alles im Bereich Erziehung und Pflege auch über lange Jahre sogenannte Frauenberufe waren, ist das da auf so einer Reha, im Altenheim oder auch im Krankenhaus eine ziemlich weibliche Angelegenheit. Wo viele Schwestern und viele Patientinnen sind, wird eben ständig ausgemalt, es wird gebastelt, werden Kartoffeln geschält, gehäkelt, ein bisschen was getöpfert und gesungen. Das meinen die nicht böse, denn die meisten sind nun mal Frauen, und die sind da auch immer ganz begeistert und kriegen rosige Wangen und leuchtende Augen, wenn die Schwester Sabine den Tuschpinsel holt oder Kartoffelstempel schnitzt. Männer spricht man mit so was aber nicht an, und das ist ein großes Problem. So ganz langsam ändert es sich, und der eine oder andere Pfleger, die es ja zunehmend gibt, macht bei dem Quatsch nicht mehr mit und überlegt sich für die ollen Zausel was Eigenes. Kirsten berichtete davon. Während sich die Frauen in Gunters Reha mit großer Freude Wollknäuel zuwarfen und Volkslieder anstimmten, hatte der Herr Daniel angefangen, mit den Männern ein eigenes Programm zu machen. Spaziergänge, bei denen die Männer einfach schweigen dürfen, ohne dass eine wirklich liebe Schwester sie die ganze Zeit animiert, was von früher zu erzählen oder zu singen.

Das kommt von ganz alleine, wenn man sie nur lässt, sagt der Herr Daniel. Bei ihm dürfen die Männer auch mal Holz hacken. Was meinen Se, was die auftauten und auf einmal wieder leuchtende Augen kriegten! Das Kurheim Bad Kleeberg hat einen kleinen Park, in dem man nett flanieren kann, wissen Se. So ein Park ist im Grunde nichts anderes als ein Garten, auch der muss gepflegt werden. Nicht in dem Sinne, dass täglich gegossen und gejätet werden muss, aber man muss ihn ein bisschen einhegen. Alte Bäume werden morsch, oder der Sturm tobt durch und rupft einen Ast ab – das muss ja geräumt werden. Und so brachte der Herr Daniel eine Motorsäge von zu Hause mit und machte sich an einem dicken Stamm zu schaffen. Als er eine Pause einlegte, traute er seinen Augen kaum: Fast alle alten Herren waren aus ihren Zimmern gekommen und guckten ihm zu! Sogar der Herr Brösel, der sonst so still war, dass sie ihm öfter mal einen Spiegel unter die Nase hielten und prüften, ob er beschlägt, war im Bademantel mit rausgekommen. Aufgeregt redeten die Opas durcheinander und riefen dem Herrn Daniel kluge Ratschläge zu, wie er es am geschicktesten machen sollte mit dem Baumstamm. Wie damals, als unser Reisebus mit Motorschaden liegen geblieben war und wir alle aussteigen mussten. Ach, das war eine Aufregung, sage ich Ihnen! Wir Frauen machten uns große Sorgen, wissen Se, es muss ja jeder Tabletten einnehmen, und nicht alle hatten eine Stulle und was zu trinken mit, um die nächsten Stunden zu überbrücken. Man unterzuckert doch so schnell! Die Männer gaben dem Busfahrer Tipps, woran es liegen könnte. Der scheuchte aber recht bald die Meute hinter das Absperrband auf den Parkplatz und erbat sich Ruhe aus, schließlich musste er mit der Werkstatt und seinem Scheff telefonieren. Damals fand ich das recht unwirsch, aber im Nachhinein muss ich zugeben, dass Kurts Vorschlag, den Keilriemen durch Ilses Strumpfhose zu ersetzen, wohl nicht so gut war. Das mag bei einem Pkw vielleicht klappen, aber trotz DEN 70 kann ich mir das bei einem Busmotor nicht vorstellen. Es war ja auch bald ein Ersatzbus da, und wir kamen noch rechtzeitig zum Spargelessen auf dem Pöschershof an. Na ja.

Wo war ich? Ach ja. Nee, man muss doch ein bisschen auf die Männer eingehen. Mit Sitztanz kriegen Se die doch nicht aus dem Zimmer gelockt. Wenn man es aber Sitzfußball nennt, kommt der eine oder andere doch. Und machen wir uns doch nichts vor, es ist nichts anderes. Hier wie da wird ein bisschen mit den Füßen rumgewackelt. Herr Daniel ist da pfiffig, der hat die Sache mit dem Ast im Park zum Programm gemacht. Er hat eine Säge mitgebracht und eine Axt, und dann hat er die ollen Knöter erst einen Hauklotz sägen lassen, und später durften sie die Äste in kleine Stücke hacken. Von Stund an stand »Holzhacken« einmal die Woche auf dem Beschäftigungsplan. Was meinen Se, was da für ein Andrang war! Die Herren stritten sich regelrecht darum, wer die Axt als Nächster halten durfte. Na, und wer nicht mehr so viel Kraft hat, bei dem hilft Herr Daniel ein bisschen mit. Kirsten sagte, beim Herrn Finsterhack war sie sehr dafür, dass der das Hackebeil nicht mehr alleine in die Finger kriegt – so grimmig, wie der guckte, sah er schon aus wie ein Axtmörder, und seine Schackren für Selbstbeherrschung hätten nicht mal auf Schachtelhalm reagiert. Die Herren schlugen mit Wonne das Holz in schmale Scheite. Es geht ja gar nicht darum, viel wegzuschaffen, sondern nur darum, die Männer ein bisschen da »abzuholen«, wie Ariane immer sagt, wo sie als junge Kerle mal gestanden haben, in Saft und Kraft. Herr Daniel hat auch ein paar alte Radios zum Schrauben besorgt, aber das ist nur was für die ohne Gicht und mit halbwegs guten Augen. Die Teile sind doch heute sehr klein und friemelig.

Während Gunter Herbst also im Sauerland der Genesung entgegenkurte und sogar eiskalte Kneippgüsse auf die Waden mannhaft überstand, hatten wir hier in Berlin gut mit der Gartenarbeit zu tun.

Das Hacken im Beet ersetzte auch uns den Rentnersport. Den konnte ich mir sparen den Sommer über! Das fiel da auch oft aus, wissen Se, in der Ferienzeit sind die meisten ja unterwegs auf Busfahrt, da sagt Fräulein Tanja sowieso oft von sich aus, dass wir Pause machen von Juni bis Ende August. Sonst sitzt se da mit vier Omis, und die haben bei der Hitze Angst um ihren Kreislauf und wollen nicht turnen. Das ist für alle Beteiligten nicht schön. Allerdings hätte Fräulein Tanja bei diesen Gelegenheiten die Schangse, genau zu kontrollieren, ob die Knie auch schön durchgedrückt sind oder ob Frau Eberzahn die Keule auch richtig anfasst. Da ist sie manchmal ganz schön verbissen, die junge Dame, und viel zu streng, wenn Se mich fragen. Es geht doch nur darum, dass wir Alten geschmeidig bleiben, nicht um eine Olympiateilnahme. Ich gehe da nur hin, um den Verfall ein bisschen zu bremsen und um mal unter die Leute zu kommen und zu hören, was es im Stadtteil Neues gibt.

Jetzt, wo ich fast jeden Tag zum Garten fuhr, kriegte ich auch mal was anderes mit als in unserem Kiez. Man ist ja doch etwas eingefahren, erst recht im Alter. Ich gehe jeden zweiten Morgen zum Bäcker und hole mir meine Milchbrötchen, gleich immer für den nächsten Morgen mit. Na, und dann zum Kaufmann, zum Zeitungsladen, um meine bunten Hefte zu kaufen und um den Lottoschein abzugeben. Nun, wo ich mit dem Bus zum Garten fuhr, musste ich zur Haltestelle immer einen anderen Weg gehen. Ich kaufte ab und an gern mal Gebäck von einem anderen Konditor. Wissen Se, Gertrud brühte uns dann eine schöne Tasse Bohnenkaffee, und wie herrlich ist es, wenn man da ein Stückchen Kuchen dazu hat. Wir setzten uns am Nachmittag in die Sonne und ließen es uns gut gehen. Jedenfalls lernte ich wegen des Wegs zur Bushaltestelle eine ganz andere Ecke vom Kiez kennen, den ich so vom Balkon nicht im Blick habe. Höchst interessant, sage ich Ihnen, höchst interessant!

Gleich neben dem Bachmannschen Blumenlädchen ist ein Händigeschäft. Da geht die Zeit ja auch an Spandau nicht vorbei, mit diesen unsäglichen »Schops« pflastern se einem ja ganze Fußgängerzonen voll. Damit und mit Schischabars. In denen kann man Dampfzigaretten kaufen und ausprobieren, ich sage Ihnen, das ist kein Spaß. Ich musste da mal hin und ein Päckchen abholen, weil der unverschämte Fahrer behauptet hat, ich wäre nicht zu Hause gewesen. Nicht von der Post, zu denen komme ich gleich noch! Nee, es war so ein blaues Auto. Die bringen die nicht zugestellten Sendungen entweder in diese Schischabar oder in den »Massagesalon Chantalle«, wo leicht bekleidete Damen … also, da würde ich nicht hingehen. Dann soll mein Paket lieber zurückgehen, aber da gehe ich nicht hin! Ich war mit der Schischabar noch gut dran. Trotzdem, da habe ich Sachen eingeatmet, wovon mir ganz blümerant wurde und was ich jetzt alles bei Elisabeth irgendwie wiedererkannte. Ob das alles so vom Gesetz gedeckt ist, was da in der Luft liegt, das will ich gar nicht so genau wissen. Ich bin ganz vorsichtig nach Hause gelaufen mit meiner Sendung und habe mir da erst mal einen Stärkungskorn gegönnt. Aber das nur am Rande, im Grunde wollte ich Ihnen von dem Händiverkäufer erzählen. Ein sehr verdächtiger Mensch, wenn Se mich fragen, hat der Dreck am Stecken. Ich gucke immer auf die Uhr, wenn ich ihn mit dem Auto wegfahren sehe, falls der Rittberger-Rudi bei »Aktenstapel XY« mal nach ihm fahndet. Der Händiverkäufer hat ein Auge auf unsere Blumen-Marina geworfen und gockelt, wann immer er nichts zu tun hat, um sie herum. Und er hat oft nichts zu tun, sind wir doch mal ehrlich: Die meisten Leute haben doch ein Händi. Wer braucht denn noch ein neues, frage ich Sie? Wenn der zwei, drei Kunden am Tag hat, ist das viel. Den Rest der Zeit lungert er vor seinem Geschäft rum und macht anzügliche Sprüche rüber zur Marina. Dass die Farbenpracht ihrer Blumen beeindruckend sei, aber doch überstrahlt werde vom Leuchten der Sterne, die sich in ihren Augen spiegeln, und solcher Schmäh. Wie die Frau das aushält, ist mir ein Rätsel. Sie kann da einfach zuhören, ohne mit den Augen zu rollen oder auch nur tief nach Luft zu schnappen. Er wird auch leicht fuchsig, weil er sie als »meine Blumenfrau« betrachtet. Der Bruder von Frau Bachmann ist ein hohes Tier in der

Politik. Ein ganz hohes, ich nenne keine Namen, aber Sie kennen den alle aus dem Fernsehen. Der Händifatzke weiß das nicht, dass das Marinas Bruder ist, und wird immer ganz eifersüchtig, wenn der Staatsmann mit seiner Limousine vorfährt. Da kommen ja dann Schutzleute vorneweg, und Sicherheit steht überall, die haben Sonnenbrillen auf und sprechen in Funkgeräte, und bevor der Herr Politiker aussteigt, schnüffeln sogar Hunde alles ab. Wenn der seine Schwester umarmt und sogar mit einem Wangenküsschen begrüßt, na, dann gehen dem Händi-Mario aber die Sicherungen durch, und man kann sehen, wie der fast aus dem Anzug springt. Ich habe die Frau Bachmann schon mal gefragt, warum sie ihm nicht einfach sagt, dass das ihr Bruder ist, aber sie hat nur gelächelt. Ich vermute, sie will den Telefonfatzke ein bisschen auf Distanz halten.

Gleich neben dem Blumengeschäft ist die Post, und zwar noch eine richtige Filiale, wissen Se, so mit drei Schaltern und langen Schlangen. Die Schlange züchten die sich aber selbst, denn ihre Paketausfahrer klingeln nicht, sondern schmeißen stattdessen Zettel in den Kasten, dass die Leute nicht zu Hause waren. Eine Frechheit. Aber man kann sich aufregen und beschweren, sooft man will, es ändert sich nichts. Die haben offenbar Angst, einen elektrischen Schlag zu kriegen, wenn sie die Klingel drücken. Die Schalterbeamten zucken mit den Schultern und geben einem ein Kärtchen, auf dem eine Nummer steht. Ruft man da an, hört man zehn Minuten lang Musik wie auf der Toilette im KaDeWe, und dann sagt eine Dame vom Band, dass man es bedauert, es sei ein Einzelfall, und sie würde es weitergeben. Und einen schönen Tag. Da gärt mir die Galle, sage ich Ihnen! Und so was nennt sich Service.

Jedenfalls ist unsere Filiale hier eine Art Endlager für maulige und unfähige Mitarbeiter aus ganz Berlin. Anders kann ich mir das nicht erklären. Die werden dahin versetzt, weil sie schon so lange dabei sind, dass man ihnen nicht mehr kündigen kann. Eine hat die Mundwinkel runterhängen bis zum Südpol und guckt einen schon so frostig an, dass man sich kaum zu sprechen traut. Auf ein freundliches »Guten Tag« kommt bestenfalls ein gegrunztes Irgendwas, das aber auch ein Aufstoßen vom Frühstück sein könnte. Wenn man dann, sagen wir mal, zwei Briefmarken für Postkarten kaufen will, klopft sie wortlos bestimmt zwei Minuten lang auf einem Computer rum. Man kann das ja von der schussfesten Fensterscheibe aus nicht sehen, aber ich glaube, die spielt da Ballerspiele, während ich warte. Dann ist da noch so ein Bulliger, der im Grunde recht freundlich ist, aber sehr langsam. Der geht in einem Tempo, wissen Se, selbst nach meiner Hüft-OP, als ich mühsam am Gehwägelchen wieder tippeln gelernt habe, war ich schneller. Ausgerechnet den teilen sie aber immer für die Schlange mit der Päckchenabholung ein. Der nimmt dann die Abholkarte und trottet los nach hinten, was ein Weg von vielleicht zwanzig Metern ist. Dafür braucht er länger als die Grimmige für ihren Briefmarkenverkauf. Manchmal gucken sie sich an, dass man denken könnte, sie haben eine kleine Wette laufen, wer es schafft, langsamer zu sein. Es kommt einem so vor, als ob die Spaß daran hätten, dass die Schlange immer länger wird. Ich bin wirklich eine kontaktfreudige Person und finde auch im Urlaub immer rasch Anschluss. Aber zu diesen Menschen kann man keinen Draht finden. Nicht mal in ihrer Mittagspause. Die machen sie nämlich immer alle zusammen, deshalb ist auch von zwölf bis drei am Nachmittag zu. Öffnen tun sie erst um zehn. Denken Se mal nur an die Berufstätigen, die können vor der Arbeit nichts erledigen auf der Post und auch nicht in ihrer Mittagspause, aber dafür haben sie eine schöne Feierabendbeschäftigung. Dann dürfen sie nämlich ein Stündchen in der Schlange stehen. Nee, das ist alles nicht durchdacht und macht keinen Sinn, wenn Se mich fragen.

Es war den ganzen Sommer über eine schöne Routine geworden, dass ich jeden Tag, nachdem ich Katerle, den Haushalt und meine Männer versorgt hatte, mit dem Bus raus in den Garten fuhr. Manchmal fuhr ich mit Gertrud zusammen, manchmal trafen wir uns da. Es brauchte keine große Absprache. Sicher, es gab immer was zu tun. Nach jedem Regenschauer schoss das Unkraut aus der Erde und wuchs, als würde es dafür bezahlt. Aber trotzdem war die gröbste Arbeit getan, und wir konnten nun auch den einen oder anderen Nachmittag eine kleine Siesta auf der Hollywoodschaukel halten und es uns gut gehen lassen. Wir hegten und pflegten unser Insektenhotel und achteten sogar darauf, dass niemand das wilde Leben in der Hecke störte. Da durfte man sich dann nicht wundern, wenn sich nicht nur Bienen und Hummeln ansiedelten, sondern aus dem kleinen Teich von Brösickes drüben auch ein paar Mücken vorbeischauten. Die Schwalben, die ihr Nest unter unserer Laubendachkante hatten und die fünf hungrige Junge satt zu kriegen hatten, fingen aber einiges weg. So ist der Kreislauf der Natur. Einen guten Teil erschlug Gertrud auch, indem sie sich in einem fort auf die Schenkel klatschte. Ab und an erwischte sie auch eine Mücke, dann musste ich sie bestaunen und Gertrud loben, wie gut sie sie getroffen hatte. »Guck, hier, Renate«, sprach sie und hielt mir ein bisschen Mus auf dem Zeigefinger entgegen, »siehst du? Die hätte dich gestochen. Die hatte das Lätzchen schon um!« Die Vöglein zwitscherten, die Schmetterlinge kitzelten einen auf der Nasenspitze, und Elisabeth von Schlehdorn sang angeschickert aus lauter Kehle von einem Herrn Conny Kramer, der im Gras lag.

Der Habicht war gerade mit Klemmbrett und Formularen auf seinem Inspektionsgang und eilte gleich rüber zu ihr. Gertrud machte neugierig einen so langen Hals, dass der Habicht rief: »Kommen Sie mal mit, wer weiß, was die sich wieder reingeballert hat. Ich brauche Zeugen! Die schmeiße ich von der Parzelle, die alte Kifferin!«

Wir sind mit gebührendem Abstand dem Habicht nach, wissen Se, man will ja wissen, was los ist, aber man will mit so was auch nichts zu tun haben. Mit Drogen, ich bitte Sie! Ich fand das nur richtig, dass der Habicht das ein bisschen kontrollierte, und war auch ganz froh, dass ich meinen Handtaschenflachmann nicht dabeihatte. Wer weiß, ob der Habicht da nicht auch gegen vorgegangen wäre, so wütend, wie er war! Ariane hatte sich den Flachmann geliehen. Sie hatte nämlich Elternversammlung in Lisbeths Kindergartengruppe, und zu so was geht sie nicht unvorbereitet, seit sie im Jahr davor nur ganz knapp um die Wahl zur Elternbeirätin drum rumgekommen ist. Das will sie auf jeden Fall vermeiden, sagt sie. Sie hat mit ihrer Zeit Besseres anzufangen, als sich mit Frau Schlode herumzuärgern und mit Muttis, die in jedem Essen eine allergene Belastung für ihr Kind wittern.

Ariane sagt, das ist alles sehr merkwürdig auf den Elternabenden. Was sie genau gesagt hat, möchte ich wörtlich nicht wiedergeben, es ist nicht meine Ausdrucksweise. »Alles Bekloppte da«, war noch das Mildeste, und das setze ich in Gänsezeichen. Anführungsbeine. Ach, Sie wissen schon. Einen alleinerziehenden Vati haben sie dabei, sagt Ariane. Er trug einen Nicki mit dem Aufdruck »Mann mit Grill sucht Frau mit Kohle«. Ariane fand das unangemessen und hat ihn deswegen zur Strafe als Elternbeirat vorgeschlagen.

Das Mädel eckt ständig an bei den anderen Muttis. Sie nennt sie »überkandidelte Schnepfen«, ein Begriff, gegen den ich nicht wirklich was einwenden kann, wenn ich Arianes Geschichten zuhöre. Einmal hat es sich so zugespitzt, dass Ariane Kuchen backen musste, um die Wogen wieder zu glätten. Natürlich mit Dinkelmehl, und die Kirschen, die obendrauf kamen, waren bio. Die einzige kleine Panne war … aber ich kann gar nichts dafür, diese jungen Dinger nehmen immer alles wörtlich und überlegen nicht selbst! Ich war gerade in den Kartoffeln und sammelte Käfer ein, als das Händitelefon schellte. Ariane war dran. »Tante Renate«, fragte sie aufgeregt, »ich brauche mal dringend deine Hilfe. Ich muss für die Weiber vom Kindergarten einen Kuchen backen. Der ist schon fertig, er ist prima aus der Form gekommen, und nichts ist angebackt.«

»Na, das Mädchen macht sich«, dachte ich noch so bei mir. Es klappt schon vieles, und ich bin wirklich stolz auf sie.

»Das ist ja prima. Was machst du denn für Kuchen, Ariane?«, fragte ich.

»Kirschkuchen. Deshalb rufe ich an. Wie mache ich denn den Tortenguss am besten, ohne dass er klumpt?«

Ja, und da war ich ein bisschen ungenau. Man nimmt den Abtropfsaft von den Kirschen, so etwa einen Viertelliter, dazu ein Päckchen Tortenguss und zwei Löffel Zucker. Nun war ich aber so aus den Gedanken gerissen, wissen Se, das Absammeln der Kartoffelkäfer hatte mich sehr an die Kindheit auf Gut Finkenau erinnert. Ich schwelgte in alten Erinnerungen, wie ich als kleines Mädchen das Unkraut, das Oma Strelemann ausgerissen hatte, wieder eingepflanzt und gegossen habe, dass ich nicht genau überlegte und Ariane sagte, sie solle »einen Viertelliter von dem Kirschwasser« nehmen.

Na ja.

Hat se gemacht. Zu meiner Verwunderung ist der Guss sogar dick geworden, fast so dick, wie das Donnerwetter war am nächsten Tag, als die Hubschraubermuttis aus Lisbeths Kindergartentruppe Arianes Kuchen vorkosteten. Zum Glück, kann man da nur sagen! Kirschwasser hat 43 %, das ist nun wirklich nichts für Kinder. Es gab erst sehr viel Aufregung, aber die Damen haben jede ein Stück gegessen und viel gelacht. Sie sagten danach alle »Du« zueinander.

Im Vorjahr wurde Ariane, wie ich schon erwähnte, vorgeschlagen für das Amt der Elternvertreterin. Sie ist gar nicht für so was und wand sich. Wissen Se, wenn es drauf ankommt, geht Ariane hin und heizt denen tüchtig ein. Dafür muss sie nicht im Elternbeirat sein. Dreimal im Monat einen Abend lang mit überkandidelten Tanten streiten, ob ein oder zwei Gummibärchen für die Kinder das richtige Maß Süßigkeiten sind, oder mit Frau Schlode debattieren, welche Zipfelmützenlieder nun mit wie vielen Strophen auf den Beschäftigungsplan gesetzt werden – das ist ihre Sache nicht. Ariane ist aber eine Schlaue, die weiß, wie sie um so was herumkommt. Sie hat nicht lange diskutiert und gar nicht erst solche Sachen gesagt wie »Ach, die viele Arbeit, das schaffe ich nicht, und dazu das zweite Kind und die Überstunden«, nee, sie hat nur gefragt: »Braucht man da ein Führungszeugnis?« Da wurde in der Versammlung sofort aufgehört zu murmeln. Als sie dann nachgefragt hat, ob jemand weiß, wie lange Vorstrafen in einem Führungszeugnis aufgelistet werden, na, da ging das Murmeln wieder los, aber für sie hatte sich die Sache mit dem Elternbeirat ganz schnell erledigt. Die Mutti von Jäden-Emanuel schlug ganz plötzlich die Frau Fichte vor. Frau Fichte hatte das alles schon mal durch mit ihrer Großen und kannte auch alle Tricks. Deshalb hatte sie vorsorglich Gin Tonic in einem kleinen Flachmann dabei, nicht nur, um ihre Nerven bei allzu abwegigen Diskussionen zu stärken, sondern auch, um einer eventuellen Wahl vorzubeugen. Als die Fichte vorgeschlagen wurde, beeilte sie sich, ihren Flachmann rauszuholen und angetrunken zu lallen. Sie hatte auch einen Minirock an und solche Stiefel bis übers Knie, wie sie die Bordsteinschwalben tragen. Da aber nun keiner eine dem Alkohol zugeneigte lose Dirne als Elternvertreterin will, kam die Jäden-Emanuel-Mutti nicht umhin und ließ sich selbst aufstellen und wählen. »So eine Amateurin«, lästerte Frau Fichte, während sie sich den Rock wieder in Richtung Knie zuppelte und Ariane vom Gin Tonic anbot. »Ich schäme mich ein bisschen, Frau Winkler, dieser Rock entspricht sonst nicht meinem Stil«, brachte sie Ariane gegenüber entschuldigend vor. »Ich war einmal im Elternbeirat, das mache ich nie wieder. Ihre Idee mit der Vorstrafe ist gut, darf ich die adaptieren?« Ariane erlaubte es, aber nur, weil Frau Fichte ihr vom Gin Tonic abgab.

Für die diesjährige Elternversammlung hatte sich Ariane nun mit meinem Kornflachmann gewappnet. So gut vorbereitet, bestand keine Gefahr, dass man sie wählte. Deshalb war mein Flachmann nicht hier, was mich in gewisser Weise beruhigte.

Gertrud und ich blieben vor der Tausendschön-Parzelle stehen, während der Habicht mit der schwedischen Schlehdorntante diskutierte. Mir fiel jetzt erst auf, dass sie ihren Komposthaufen vorn an der Hecke hatte. Direkt am Hauptweg, wo es jeder sehen kann!! Liederlich, das muss man wirklich sagen. Überlegen Se sich das mal. Solche Leute hängen auch die Schlüpfer auf der Leine in die erste Reihe und nicht die Handtücher. Aber bürgerliche Anständigkeit suchte man bei Elisabeth eben vergeblich. Günter Habicht konnte ihr auch heute nicht wirklich beikommen, denn im Grunde sang sie nur laut, und gegen Gesang konnte er nichts machen. Daran gewöhnte er sich besser, denn bald würde Frau Schlode mit ihrer Kinderschar im Schulgarten jedes Blümchen einzeln mit einer Strophe bedenken.

Apropos Frau Schlode. Mit ihr gab es letzten Herbst

ein Vorkommnis, ich weiß gar nicht, ob ich das aufschreiben darf. Ich habe das nur vertraulich von meiner Tochter gehört, der sich die Schlode offenbart hat, und nun weiß ich nicht, ob eine esoterische Lebensberaterin auch so was wie eine ärztliche Schweigepflicht hat. Ich rufe am besten mal an und frage Kirsten.

So.

Kirsten sagt, es geht in Ordnung, aber ich soll einen anderen Namen verwenden und nicht »Frau Schlode« schreiben, sondern ihretwegen »Frau Schlotterrose«, damit uns die Schlode nicht womöglich noch verklagt. Also, passen Se auf:

Frau Schlotterrose war nach Aussage von Kirsten irgendwie »nicht ganz in ihrer Mitte«. Sie wollte was mit ihr pendeln, um die Mitte neu zu finden und sie zum Reden zu bringen, und so kam ans Licht, worüber unser ganzer Kiez schon seit Wochen munkelte. Die Schlotterrose ist ja eigentlich Kindergärtnerin. Nicht nur das, sie leitet auch die Flötengruppe, den Männerchor und gibt Trommelkurse gegen Wechseljahresbeschwerden. Alles, was mit Musik zu tun hat, beglückt die Frau, und deshalb hat sie eine Weiterbildung gemacht und gibt nun auch in den unteren Klassen an der Schule Unterricht im Musischen. Lehrer kann ja heutzutage jeder werden, es reicht, wenn man sich alleine die Schuhe binden kann und noch nicht einschlägig eingesessen hat. Die suchen allenthalben »Quereinsteiger«. Frau Schlotterrose hat ja kein Privatleben mehr, seit der Herr Pfarrer versetzt wurde, und muss sich auf diese Art und Weise auslasten.

Und nun denken Se nur, in der Schule, wo die Schlotterrose mit den Kindern trällert, war die Heizung ausgefallen. Sie wissen ja, wie das in solchen Fällen ist: Erst ist kein Geld da zum Reparieren, dann kein Handwerker, und wenn man glaubt, es hat sich alles gefunden, fehlt einer, der den Auftrag unterschreibt ... Jedenfalls zog sich das ein bisschen hin, bis die Heizung heile gemacht werden konnte, genau genommen den ganzen Oktober durch. Da wird es oft schon empfindlich frisch. Nicht umsonst lässt man da Winterreifen auf die Autos ziehen. Zustände waren das! Und die Frau Schlotterrose ist eine richtige Frostbeule, die friert *immer*. Im Sommer, wenn wir über Wochen hinweg 35 Grad haben und dann endlich ein Gewitter kommt und die Temperatur runtergeht auf 25 Grad, atmet jeder erleichtert auf, dass man mal durchlüften kann. Nur nicht Cornelia Schlotterrose. Die zieht sich dann eine Strickjacke über und sagt Sachen wie »Ach, mich fröstelt es ein bisschen, macht bloß das Fenster zu, es zieht!«. Nun, bei der ausgefallenen Heizung im Oktober ging sie mit Steppjacke und Schal in den Unterricht. In der Pause nahm sie einen kleinen Jägermeister, den ihr der Hausmeister in Ermangelung eines Heizlüfters anbot. Die Frau verträgt aber nichts, müssen Se wissen. Wenn sie mit den Kindern zum Geburtstagssingen kommt und der Jubilar als Dankeschön einen Likör anbietet, schlägt sie den wohlweislich aus und nimmt lieber ein Stück Kuchen. Jedenfalls ist ihr der Hausmeister ... ähm, der Jägermeister wohl tüchtig in den Kreislauf geschossen, und sie hat in der nächsten Stunde, als die 2b eigentlich »Ein Männlein steht im Walde« hätte einstudieren sollen, »Zehn nackte Friseusen« mit den Kindern geprobt. Es gab einen großen Auflauf im Flur, wissen Se, das war in der ganzen Schule zu hören, wie sie grölte. Die Direktorin beruhigte erst mal die anderen Lehrer und schritt entschlossen ein. Sie schickte Frau Schlotterrose umgehend nach Hause. Dort machte die sich ein bisschen auf der Couch lang, und als ihr klar wurde, was da passiert war, da nahm sie erst mal eine Woche unbezahlten Urlaub. Das geht ja bei den Lehrern, die nennen es dann Bildungsurlaub und fahren zum Töpfern in die Toskana. Nicht alle Kinder aus der 2b hatten das Thema nach Hause getragen, Sie wissen ja, wie die kleinen Geister sind. Auf der einen Seite rein in die Ohren, auf der anderen Seite wieder raus. Wenn die Mutti fragt, was es zum Mittag gegeben hat oder ob Hausaufgaben zu machen sind, erinnern die sich an nichts mehr. Aber bei dem einen oder anderen Kind hatte sie doch Eindruck hinterlassen, und als der Kleine von Schusters am Abendbrottisch »Zehn nackte Friseusen mit richtig feuchten Haaren« losträllerte, gab es Fragen. Es war einfach besser, dass Frau Schlotterrose erst mal zu Hause blieb. Nach den Herbstferien war die Heizung repariert und Gras über die Sache gewachsen. Kirsten sagte, es hat Frau Schlotterschlode sehr geholfen, dass sie sich geöffnet und mit ihr über die Sache gesprochen hat. Sie machten noch ein paar begleitete achtsame Gehmeditationsspaziergänge für 59 Euro, und danach kam die Schlotterrose schon wieder besser klar.

Aber jetzt bin ich schon wieder ins Plaudern gekommen, entschuldigen Se bitte. Ich wollte Ihnen doch eigentlich berichten, wie es im Garten nun weiterging! Passen Se auf:

Ein paar Tage später kam Gertrud ganz außer Atem von ihrer Runde mit Norbert zurück. Das ist sie öfter, wissen Se, der Hund bringt einen ordentlich auf Trab und den Kreislauf in Gang. »Renate!«, rief sie japsend schon von Weitem. »Renate, die Kontrolle kommt!«

Ich lief, so rasch ich konnte, Richtung Laube, um die Tür zuzumachen. Hier kam uns kein Habicht rein, am Ende sah der doch noch die Toilette! Nix da!

Aber Gertrud meinte was ganz anderes: Sie hatte am Aushang gelesen, dass die Kontrollkommission des Bezirksverbands die Gärten begutachten und die schönste Parzelle prämieren würde. Na, so eine Aufregung! Auch wenn wir keine Ambitionen auf einen Preis hatten – bei so was blamiert man sich ja nicht gern. Wir machten sodann gleich einen Plan. Im Großen und Ganzen war getan, was wir hatten tun können. Gunters Garten war ein Kleinod geworden. Trotzdem waren wir durch die Gartenkontrolle nun ein bisschen angestachelt, noch die letzten Kleinigkeiten auf Vordermann zu bringen. Wir machten mit dem Habicht ab, dass seine Jugendbrigade die Fensterläden der Laube strich. Die konnten frische Farbe gut gebrauchen. Wir schnitten die Stauden sauber zurück, banden den Rittersporn an und brachten frischen Mulch aus. Ich schnitt auch das welk gewordene Grün von den Möhren und wollte noch mit Blattglanz über das Laub vom Apfelbaum sprühen, aber das verbot mir Gertrud. Sie meinte, ich würde spinnen und man dürfe auch nicht übertreiben. Pah, na, dann eben nicht!

Dafür gab ich mir ganz besondere Mühe, ein schönes Muster auf den Weg zu harken. An solchen Dingen habe ich immer viel Freude. Wenn es darum geht, etwas hübsch zu machen, dann geht mein Herz auf. Am Rand zog ich eine Wellenlinie mit dem Kratzer, und zur Mitte hin harkte ich eine Art Kreuzstich. Früher habe ich auch bei der Buttercremetorte immer ein schönes Muster in den Rand gezogen, aber das lasse ich jetzt sein und bringe lieber Schokostreusel auf. Wissen Se, seit Stefan an der Festtafel gefragt hat, ob ich das Muster mit meiner Zahnprothese ... Es wurde nicht viel gegessen, und ich will auch nicht, dass dieser geschmacklose Witz immer wieder auf den Tisch kommt. Deshalb nun eben Schokostreusel. Aber hier auf dem Weg konnte ich Muster harken, ohne dass mir jemand dumm kam.

Am Tag der Kontrolle zog ich mein fliederfarbenes Sommerkleid an. Auch Gertrud trug Bluse und Rock, man musste sich nicht mit ihr schämen. Wir hatten in aller Frühe noch einen bunten Sommerstrauß abgeschnitten und stellten ihn in einen der Gummistiefel vor die Laube. Ach, das sah wunderschön aus!

Die Kommission kam gegen halb elf. Sie bestand aus vier Leuten und wurde von Günter Habicht von Parzelle zu Parzelle begleitet. Alle hatten Klemmbretter mit Bewertungsformularen dabei und guckten sehr ernst ob ihrer wichtigen und verantwortungsvollen Aufgabe. Bei Fuchsigs war es wohl nicht gut gelaufen. Der Teppichrasen, auf den die Königin von England stolz gewesen wäre, machte die fehlenden Gemüse nicht wett. Es hatte keine guten Noten gegeben. Einer der Preisrichter trug einen Messstab, der wohl über drei Meter groß war. Den legte er natürlich als Erstes gleich an die Hecke an. Zwei Herren kniffen die Augen zusammen und lasen sehr streng das Maß ab. Der Stockträger meinte es gut mit uns und stellte den Maßstock heimlich auf ein Steinchen. So kam unsere Hecke gut durch den Tüff. Die Herren sprachen kein Wort. Es war eine sehr angespannte Stimmung. Wissen Se, es ist eine ganze Weile her, dass ich das letzte Mal eine Prüfung hatte. Ich glaube, es war die Fahrerlaubnis damals vor – ach, lassen Se uns nicht rechnen, es ist sehr lange her! Aber selbst da war es nicht so frostig wie hier. Die vier Herren nahmen die Begutachtung der Gärten sehr ernst. Denen war kein Lächeln zu entlocken! Selbstredend hatten wir den Tisch gedeckt mit den guten Sammeltassen und frischen Bohnenkaffee gebrüht. Ich hatte Streuselkuchen und einen Rührkuchen, in dem geraspelte Zuckini eingebacken waren, aufgeschnitten. Die Herren murmelten aber was von »unbestechlich« und lehnten dankend ab. Pah! Einer Renate Bergmann eine Einladung zu Kaffee und Kuchen abschlagen, ich muss schon sagen, das traf mich hart. Da hatte ich dann auch keine Lust mehr und parlierte nur noch schmallippig. Erst als ich sah, wie der kleine Dicke mit dem Fotoapparat kaute und sich den Daumen ableckte, war ich wieder ein bisschen versöhnt. Hinter dem Rücken des restlichen Preisgerichts warf er mir ein schwärmerisches »Mmmh!« zu. Da war ich zufrieden.

Der hielt tatsächlich mit dem Fotoapparat alles fest, was die Herren vermaßen und begutachteten. »Damit es hinterher keine rechtlichen Auseinandersetzungen gibt«, merkte der Vorsitzende an. Ach du lieber Himmel, ich konnte nur staunen, wie ernst manche Leute solche

Geschichten dann doch nahmen. Der Habicht lobte Gertrud und mich in den höchsten Tönen. Er schilderte immer wieder, wie wir uns ins Zeug gelegt hatten, und zeigte auch Bilder vor, die er mit seiner Drohne geschossen hatte und auf denen man sehen konnte, wie es hier vor ein paar Monaten noch ausgesehen hatte. Alle mussten gucken und sollten staunen. Lobend erwähnt wurde der Baumschnitt. Unser Kurt ist eben ein Fuchs, ein wahrer Meister an der Astschere! Ich handelte aus, dass dafür eine kleine Extra-Urkunde für Kurt ausgestellt wurde. Was meinen Se, wie Ilse stolz war! Sie wurde bald einen halben Kopf größer und zeigte das Diplom überall rum, und Kurt bekam ein kleines Küsschen und außer der Reihe Pudding ohne Pelle als Nachtisch, den isst er so gern.

Na ja. Aber auch das Insektenhotel, die Trockenhecke mit Igelunterschlupf und unser Gewächshaus ließen die Preisrichter anerkennend nicken. Es hatte sich also gelohnt, dass wir schon im Morgengrauen die Scheiben vom Glashaus geputzt hatten! Sobald die Sonne scheint, kriegt man ja sonst Schlieren, und dann können Se es auch gleich lassen. Das sieht doch unmöglich aus! Die Tomaten standen in herrlicher Pracht. Es wurde nickend in die Klemmbrettformulare gekritzelt, und die Herren waren schon fast wieder raus aus dem Gewäschhaus … Gewächshaus, meine ich, als der Vizepräsident kurz stoppte und sich noch mal umdrehte. Er ergriff die mickernde Topfpflanze, die Elisabeth uns vor einer Woche gebracht hatte. Die war wirklich keine Augenweide, das gebe ich zu, aber die Schlehdornsche meinte, ich solle sie meiner Tochter mit einem Gruß von ihr schicken. Der Habicht muss ihr von Kirsten erzählt haben. Der hatte sie ja im letzten Jahr auf dem Campingplatz kennengelernt, als sie ein verrentetes Zirkuspony mit Heilsteinen behandelte und Joga für den Frieden machen ließ. Mir war nicht danach, mit der Schlehdornschen groß über meine Tochter zu reden, und deshalb hatte ich das Pflänzchen, ohne es lange unter die Lupe zu nehmen, in Verwahrung genommen. Elisabeth riet mir noch, es so hell wie möglich zu halten, und merkte an, dass Kirsten schon wüsste, wie sie damit weiter verfahren müsse.

Der Vizerichter wurde ganz blass und brachte entsetzt »Drogenpflanzen!« hervor. Ach du liebe Güte! Na, da überschlugen sich dann die Ereignisse. Es fielen Worte wie »Haschplantage«, »Bong-Omas« und »Medellín-Kartell«. Gertrud und ich wussten gar nicht, wie uns geschah. Alle regten sich furchtbar auf und redeten wild durcheinander, man wollte die Polizei rufen, und ich sage Ihnen, mir wurde ganz schummerig vor Angst. Ich sah uns schon im Kittchen sitzen, bei Wasser und Brot und mit den Lockenwicklern von Gertruds Friseurin! Aber Günter Habicht war unsere Rettung. Er brüllte einmal laut los, ob denn wohl alle verrückt geworden seien, und da war erst mal kurz Ruhe. Wissen Se, bei seinen schwierigen Jugendlichen waren auch einige dabei, die ... also, er kannte sich ein bisschen aus in diesem Metier. Deshalb mahnte er zur Umsicht und bat, einen klaren Kopf zu behalten. Elisabeth war beim Wort »Haschplantage« hellhörig geworden und neugierig zu uns rübergeeilt. Als sie den Herren bestätigte, dass das Corpus Delicti ihrer Zucht entsprang, verlagerte sich das Interesse der Herren. Sie zogen von dannen und trampelten achtlos über die schönen Wellen, die ich auf den Hauptweg geharkt hatte. Das Rauschgiftgewächs nahmen sie mit, ich wollte es auch nicht mehr auf dem Grundstück stehen haben! So was aber auch, nee, man muss so aufpassen, sonst kommt man in Teufels Küche! Auf den Schreck hatten wir uns einen doppelten eisgekühlten Korn verdient. Den brauchten sowohl Gertrud als auch ich wirklich dringend.

Sie diskutierten dann lange bei der Schlehdorn im Tausendsassa-Paradies drüben. Es drangen immer wieder einzelne Wortfetzen rüber, je nachdem, wie der Wind stand. »Taubnesseln sind keine Blumen«, »Brandschutz«, »völlig verwildert« hörte man raus. Irgendwann fing Elisabeth mit »Brustsausen« an, und da verabschiedeten sich alle ganz schnell. Wir machten keine großen Anstalten nachzufragen, was genau los war und wie es ausgegangen ist, wissen Se, wir waren froh, dass wir ohne großen Ärger aus der Geschichte herausgekommen waren.

Ein paar Tage später hing vorne im Schaukasten das Ergebnis: Wir hatten den zweiten Platz gemacht! Erster wurden Leute aus dem Primelweg, die kannten wir nicht. Das ist aber auch völlig egal, wissen Se, es ging ja nie darum, einen Preis zu gewinnen, sondern nur darum, Gunter Herbst hier ein bisschen den Garten in Ordnung zu bringen und zu halten. Als der Pokal dann kam – Habicht überbrachte ihn im Auftrag der Preiskommission –, war das ein furchtbar hässlicher Humpen. Ich kenne das von meinem Walter, wissen Se, der hat Kaninchen gezüchtet und fuhr im Winter fast jedes Wochenende auf Ausstellung mit den Viechern. Der kam selten ohne ein paar dieser blechernen Eisbecher zurück. Die prämierten da sehr großzügig. Ich habe bei jedem Aufräumen ein bisschen ausgedünnt und entsorgt, was Walter an Pokalen nach Hause brachte. Während er mir zurief: »Renate, nur mit einem weichen Tuch polieren!«, füllte ich schon die Mülltonne damit.

Wir hatten nun sogar die Prüfung des Bezirksvorstands mit Bravour und Auszeichnung überstanden und uns wirklich ein paar Tage Ruhe verdient. Man muss so einen Garten auch einfach mal genießen dürfen, finden Se nicht? Umso größer war meine Überraschung, dass Gertrud nicht mit raus in den »Abendfrieden« kommen mochte, als ich sie zu Hause abholen wollte.

»Renate, ich möchte heute mal alleine sein«, sagte Gertrud. Im Grunde hatte sie ein Recht darauf, ja. Aber ich kenne das doch. Wenn man die alleine grübeln lässt, tut sie sich wieder nur selber leid, entdeckt ein Zipperlein und plant an ihrer eigenen Beerdigung rum. Wenn man Gertrud ein bisschen kennt, weiß man auch, was als Nächstes kommt: Kriegt sie neue Tabletten, muss man nur den Beipackzettel lesen, um zu wissen, was sie morgen hat. Den studiert sie nämlich von vorne bis hinten, da setzt sie sogar die Lesebrille auf, die sie sonst nicht aufzieht, weil sie das alt macht und sie nicht möchte, dass ein Mann sie so sieht. Meist lässt sie die erste aufgeführte Nebenwirkung aus, weil das zu auffällig wäre, und entscheidet sich für Nummer zwei auf der Liste. Als sie die neuen Wassertabletten bekam, hatte sie am nächsten Tag Schwindel. »Renate, mir ist gar nicht wohl. Ich habe orthostatische Regulationsstörungen«, begrüßte sie mich, als ich sie zu Hause abholen wollte, und hielt sich am Garderobenständer fest. »Ganz schwummerig ist mir!«, legte sie nach, obwohl sie weiß, dass sie mich mit so was nicht beeindrucken kann. Ich ging gleich an ihr Medizinschränkchen, schnappte mir den Beipackzettel und überflog ihn kurz. »Wie ich es mir dachte, Gertrud. Kommt von den Tabletten. Es steht ja hier! Aber hier steht auch ›steigert den Appetit‹ … Guck mal, ich habe Donauwellen für uns mit.«

Was meinen Se, wie schnell die – ohne sich auf die Kredenz oder den Garderobenständer zu stützen – in der Küche war und Kaffee gebrüht hat! Das mit dem Appetit stand da gar nicht, aber das war egal. Für die Heilung sind solche kleinen Flunkereien erlaubt.

Gertrud redet oft, gern und ausführlich über ihre Krankheiten. Wir haben beim Rentnertreff schon Probleme, einen guten Tisch zu finden, weil die Leute meist die Flucht ergreifen. Ihre Befindlichkeiten wechseln nämlich auch ständig. Kaum hat man sich auf ihre Maleschen eingestellt, hat sie schon wieder was anderes. Letzthin erst jammerte sie tagelang über sauren Magen. Als gute Freundin nimmt man auf so was natürlich Rücksicht. Als Gertrud sich zum Nachmittag ankündigte, bereitete ich also Tee statt Kaffee und schnitt Sandkuchen ohne Zuckerguss auf. Aber was war? Der saure Magen war schon gar nicht mehr oben auf der Leidenshitparade, sondern der Hammerzeh! »Ich habe solche Probleme, Renate, ich kann kaum gehen. Eine sehr schmerzhafte Druckstelle, hier, ich zeige es dir mal …«. Nur mit Mühe konnte ich sie davon abhalten, die Strumpfhose runterzurollen. Wissen Se, Gertrud hat ganz viele eingebildete Wehwehchen, aber neben ihrem Reizdarm noch ein tatsächliches Leiden, nämlich Schweißfuß. Das will man ja nun wirklich nicht auf dem Teppich haben! Ich konnte sie gerade so stoppen, woraufhin sie schnippisch antwortete: »Aber bitte, mach uns doch einen richtigen Kaffee!« Ich hob den sauren Magen nicht wieder aufs Tapet, sie muss es selber wissen. Und eine Renate Bergmann darf auch mal an sich denken! Bohnenkaffee ist schließlich was Feines. Das ganze Manöver hatte sowieso nur den Hintergrund, dass sie nicht mit in den Garten wollte. Sie wusste genau, dass die Bohnen gepflückt und zum Einwecken geschnippelt werden mussten. Da hatte sie keine Lust drauf und schob den lahmen Fuß vor.

Sogar Lotte Lautenschläger, die wirklich ein lammfrommes Ding ist, hat neulich enerviert über der Kaffeetasse ausgeatmet, als Gertrud über ihre Druckstelle am Hammerzeh schwadronierte. Das hat selbst Gertrud registriert und danach wirklich kurz geschwiegen und Lotte vom Urlaub der Schwägerin im Böhmerwald erzählen lassen. Gertrud geht gern mit älteren Herrschaften spazieren. Also, noch älter, als wir sind, verstehen Se. Vorzugsweise Herren, aber auch Damen, die ein Stützwägelchen schieben müssen. Die können ihr nicht weglaufen, das ist der Vorteil. Wenn Gertrud mit denen im Park ist und zur Geschichte ihrer Gallensteine ansetzt, dann ist der Herr Wimmersteufel ihr ausgeliefert und sehnt sich danach, wieder in sein Heim zurückzudürfen, aber es gibt kein Entrinnen. Im Herbst geht es ja noch, aber im Sommer zeigt Gertrud bei der Geschichte auch die Narbe. IM PARK. Den Herrn Schwallental hat sie so erschreckt, der ist so schnell spaziert wie seit Jahren nicht. Schwester Sabine hat gestaunt.

Alleine wollte sie sein, pah! Das führt doch zu nichts, und deshalb sagte ich: »Wenn du allein sein willst, stell dich im Baumarkt an den Informationsschalter. Wir müssen die Bohnen durchpflücken, komm!«, und hakte sie unter. Aber sie wollte nicht so recht. Sie vermisste ihren Gunter doch mehr, als ich für möglich gehalten hatte. Deshalb ließ ich sie, sollte sie ruhig mal einen Tag für sich haben. Vielleicht tat es ihr ganz gut, wir hingen ja sonst die ganze Zeit dichte aufeinander. Ich schnappte mir die Leine, machte mich mit Norbert auf zum Bus und fuhr in den »Abendfrieden«. Dort unternahmen wir beide einen schönen Spaziergang, wissen Se, der Hund braucht ja seine Bewegung, und ich guckte mich auch gern mal um und schaute hier und da über die Hecken in die Gärten.

Es gibt ja immer wieder was zu sehen, wissen Se, die Natur verändert sich so schnell. Am deutlichsten wird es, wenn im Frühjahr ein Regenschauer kommt. Eben noch ist alles grau und staubig, aber kaum eine Stunde später explodiert Mutter Erde geradezu, und man kann nur staunen, was für wunderbare Farben die Natur zaubern kann.

Überall in der Kolonie hingen Vogelhäuschen in den Bäumen und an den Lauben. Das hilft den possierlichen gefiederten Freunden bei der Brut. Die sammeln dafür das Ungeziefer weg und erfreuen uns mit ihrem fröhlichen Zwitschern. Sicher, nicht jeder ist für Vogelgesang um 3 Uhr morgens zu begeistern, aber so ist das eben in der Natur. Es gibt die Nachtigall, die in aller Herrgottsfrühe ihre Lieder darbietet. Wunderschön, ach, da reihen sich Trillern und Pfeifen zu ganzen Strophen poetischer Melodien! Ich bitte Sie, dagegen kann doch keiner was sagen, außer, er ist ein Banause. Die Nachtigall kündet vom Frühling und von der Liebe. Ganz entzückend! Aber es gibt eben auch Sperlinge und Meisen, die krakeelen mehr, als dass sie singen. Nicht umsonst spricht man davon, dass jemand »schimpft wie ein Rohrspatz«. Aber auch die haben ihre Aufgabe im Kreislauf der Natur. Was meinen Se, was ein einziges Meisenpärchen an Raupen vom Kohl wegsammelt und an die Brut verfüttert? Es sind aufs Jahr gerechnet 150 Kilo. Ich weiß ja nicht, wer das zählt und nachwiegt, aber es gibt solche Leute. Ornithologen. Die sammeln auch die Eierschalen aus dem Brutgelege verschiedenster Vögel und heben sie in Schaukästen auf. Jeder hat eben andere Hobbys, sehen Se, ich kenne ältere Herren, die sammeln Briefmarken und ergötzen sich an abgestempeltem Porto, und ich häkle Topflappen.

Na ja.

Wo war ich?

Ach, bei den Vogelkästen. Überall in der Gartenanlage hingen Nistgelegenheiten in den Bäumen. Da gibt es ja viel zu beachten! Man darf das Loch nicht zur Wetterseite hinhängen, sonst nässt es rein ins Gelege. So was merken die Piepmätze und verschmähen falsch aufgehängte Brutkisten. Auch muss das Einflugloch richtig bedacht sein. Wenn Se sich eine Meise vorstellen und daneben eine Drossel, na, da müsste die Drossel aber ganz schön den Bauch einziehen, um durch ein Loch zu passen, welches die Meise quasi im Flug nimmt. Es gibt ja Hosen auch in Größen, die einer sportlichen Frau wie unserer Ariane passen, und dann welche für Frau Berber.

Mich wunderte ein bisschen die bunte Galerie von Nistkästen, die drüben im Nelkenweg an der Laube von Hettichs hing. Es waren zwanzig Kistchen, jedes einzelne in fröhlichen Farben bemalt. Schwarz-Gelb war dabei, Rot-Weiß und auch Blau-Weiß. Es war hübsch anzusehen, und den Vögelein schien die bunte Bemalung nichts auszumachen. Nicht alle, aber viele der Behausungen waren bewohnt. Ich habe ja keine Ahnung vom Fußball, aber Günter Habicht sah mich staunend vor der Hecke von Gartenfreund Hettich und sprang mir aufklärend zur Seite: Der Herr Hettich war großer Bundesligafan und guckte auch jedes Wochenende auf dem kleinen Empfänger, der wohl schon alt war, aber die Spiele immerhin in bunt übertragen konnte. Er hatte Nistkästen mit den Farben und Emblemen aller Vereine bemalt und sie in der Reihenfolge an der Laube aufgehängt, wie die Mannschaften in der Tabelle standen.

Ja.

Da habe ich erst mal die Brauen hochgezogen.

Wissen Se, nach vier Ehen dachte ich, ich weiß ein bisschen was über Männer und wozu die fähig sind, aber man lernt doch immer noch dazu. Auf solche Ideen muss man erst mal kommen! Es war jedoch nett anzuschauen und auch Gesprächsthema in der ganzen Laubenkolonie. Am Sonntagabend, nachdem das letzte Spiel abgepfiffen war, hängte Herr Hettich die Kästen um. Wer Glück hatte, durfte an seinem angestammten Platz bleiben. Die Kohlmeise ganz vorne auf Platz eins in der Bayern-Kiste hing den ganzen Sommer über da und musste kein Umhängen fürchten, aber die Gartenrotschwänzchen, die im blau-weißen Kasten von Hertha

Berlin brüteten, also die hatten jede Woche einen Umzug durchzustehen. Es war ein einziges Hin und Her und immer ein buntes Treiben, bis jede Vogelfamilie ihr Zuhause wiedergefunden hatte. Das gab ein Gezwitscher und Gezänk, ach, eine Aufregung! Die Nistkastenwand von Herrn Hettich war in der ganzen Kolonie Gespräch, und Frau Fuchsig, die dagegen war, dass in ihrer Laube ständig der Fernseher lief, sagte zu ihrem Mann: »Otto, du kannst doch bei Hettichs an die Wand gucken, dann weißt du, was du wissen musst. Da muss unsere Flimmerkiste doch nicht für laufen!«

Auch unsere Gartenfreundin Fettel war an dem Tag mal wieder im Beet. Ich freute mich, sie zu sehen, und grüßte freundlich. Sie hatte nicht nur deshalb so knapp Zeit für den Garten, weil sie wochentags einer Arbeit nachging, sondern weil sie auch noch mit einem frechen Balg gestraft war. Ja, ziehen Se nicht die Stirn kraus und denken: »Na, da geht die Bergmann aber hart ins Gericht mit dem Kind« – es ist so. Man muss die Dinge auch beim Namen nennen. Ana-Belle hieß das Kind, mit Bindestrich und nur einem N. Ich bitte Sie, der Krieg ist vorbei, warum sparen? Warum muss man da ein N weglassen, wo es hingehört, und stattdessen einen Bindestrich einfügen? Jeder will was Besonderes sein, aber keiner will mehr was Besonderes leisten. Das bricht uns noch mal das Genick, sage ich Ihnen voraus! Es ist keine neue Erscheinung. Schon als meine Kirsten noch ein Schulkind war, hatte sie eine Mitschülerin namens Sibylle. Die Eltern wollten, dass das französisch ausgesprochen wurde, nämlich »ZIBÜLL«. Es endete so, dass jeder sie nur »Zippel« nannte.

Ich mied den Kontakt zu dem Fettel-Kind. Das war nicht schwer, denn die Kleine – ich schätzte sie auf zehn Jahre – war nur selten mit draußen in der Laubenpieperkolonie. Das Mädel war neunmalklug, was es sehr unsympathisch machte. Sie war so ein Kind, das früher beim Gottschalk immer die Kinderwette gewonnen hat und das trotzdem keiner leiden konnte. Jedenfalls hat die Ana Bindestrich Belle im Sportunterricht groß besserwissern wollen, als die Lehrerin aufforderte: »Kinder, wir machen jetzt Dehnübungen.« Da rief das Kind dazwischen: »Frau Hasselspecht, das heißt DIE Übungen!« Das gab Frau Fettel beim Erbsenpflücken zum Besten.

Solche frechen Antworten waren zu meiner Zeit nicht denkbar. Ich hatte als Kind dem Besuch brav die Hand zu geben und einen Knicks zu machen, die Knaben entsprechend einen Diener. Man hielt den Erwachsenen die Tür auf, grüßte freundlich und hatte stille zu sein. Plapperte man doch mal los, gab es beim ersten Mal einen bösen Blick von Mutter, beim zweiten Mal hieß es: »Kind, schweig still. Du hast wohl Quasselwasser getrunken heute?«, und Mutter warf dem Besucher einen entschuldigenden Blick zu. Nur ein einziges Mal kam es zu einer dritten Ermahnung, und mit der schickte mich Mutter hoch in die Kinderstube. Dort musste ich das schöne Sonntagskleid ausziehen und im Bett liegen, während sie unten in der guten Stube mit Tante Minna Kaffee tranken und Kuchen aßen. Das war mir eine Lehre, von da an war ich spätestens nach Mutters zweitem Anzählen immer folgsam. Wo es doch Prinzregententorte gab!

Erwachsene waren zu meinen Kindheitstagen noch Respektspersonen, ganz egal, wie alt sie waren. Wobei man auch sagen muss, dass die Menschen früher auch viel eher alt waren. Da trugen die Herren mit dreißig einen Backenbart und legten das dünner werdende Haar mit Frisiercreme streng nach hinten. Die sahen in jungen Jahren schon aus wie ihre eigenen Großväter. Die Frauen auch. Ach, wenn ich daran denke! Die Haare zum Dutt gebunden, ein langer schwarzer Bahnenrock und eine weiße Bluse mit Spitzenkragen, so gingen sowohl Mutter als auch Oma Strelemann damals auf die Hochzeit von Ilse und Kurt. Man kann sie beide fast nicht unterscheiden auf den Bildern. Heute rennen se ja alle mit vierzig noch rum wie in der Pubertät, und unsere Elisabeth hier im »Garten Tausendschön« tut das noch mit weit über siebzig. Ich habe neulich eine Dame gesehen, die war fast so alt wie ich. Sie hatte feuerrot gefärbtes Haar und ging am Rollator. Nun kennen Sie bestimmt mein Motto »Jeder nach seiner Fasson«. Wenn sie sich so gefällt, bitte. Soll se rumlaufen, wie sie will. Sie macht sich lächerlich, nicht ich. Aber sie hatte was an der Nase, was in der Sonne purpurn schimmerte wie ein dicker Brummer auf einem Pferdeapfel. Ich dachte erst, sie hat da einen Popel, und wollte ihr schon einen diskreten Hinweis geben, aber als ich gerade zum Sprechen ansetzen wollte, sah ich, dass die Oma tatsächlich einen Pierzing auf der Nase hatte! Mir blieb die Sprache weg, und das war auch gut so, sonst hätte ich noch was gesagt, was sich nicht gehört. Im Grunde weiß ich nämlich, dass das ihre Sache ist und nur zählt, dass sie sich damit wohlfühlt. Trotzdem fällt es mir manchmal doch schwer, das zu respektieren. Ich bin eben so erzogen, entschuldigen Se. Ich bemühe mich aber um Contenance.

Uns steht da noch was bevor, wenn Se mal mit mir kurz weiterdenken … Was meinen Se, was mit den vielen Tättowationen passiert, die sich die einst properen Mädchen auf den Steiß haben meißeln lassen? Wir haben ja nun schon manchen Schmetterling, der einst keck auf dem Dekolleté saß, Richtung Südpol abflattern sehen, nachdem die Kinder gestillt waren. Aber die Ranken überm Po, die unter den zu kurzen Hemdchen hervorlugen, die haben ihren Weg in die Runzeln noch vor sich. »Forever 18«, ich bitte Sie. Mit ein bisschen Glück ist die Medizin bald so weit, dass sie die Hautlappen umtapezieren und »Jetzt 81« daraus machen können.

Na ja. Frau Fettel war jedoch stolz auf das Mädchen und wollte, dass ich über die Geschichte mit den Dehnübungen lachte, was ich der Höflichkeit halber auch kurz andeutete. Aber so sind se eben heute alle, die Kinder. Sie sind verwöhnt, vorlaut und leben mit anderen Werten als wir früher. Der kleine Berber kam neulich nach der Frühstückspause schon nach Hause marschiert mit seinem Ranzen auf dem Rücken. »Mein Junge, bist du krank? Ist dir schlecht?«, habe ich ihn gleich besorgt gefragt. »Nee, Tante Bergmann. Mein Händiakku ist leer. So kann ich nicht in der Schule bleiben.« Ich war sprachlos. Mich geht das nichts an, ich bin nur die Nachbarsoma und bin zum Verwöhnen da. Oft genug mische ich mich ein, aber statt, dass es einem gedankt wird … na, lassen wir das. Mich geht es nichts an und fertig. Aber meine Mutter hätte mir die Hammelbeine lang gezogen, wäre ich wegen Strommangel im Telefonapparat von der Schule nach Hause gekommen, das kann ich Ihnen sagen!

Man sollte auch glauben, dass die in der zweiten Klasse die Buchstaben schon alle kennen, und wenn schon das nicht, dann zumindest die, die am häufigsten vorkommen. Aber da müssen Se mal eine Geburtstagskarte vom Jemie-Dieter lesen. Die Kinder dürfen ja schreiben, wie sie wollen, es ist alles richtig. Sogar »richtik« mit k hinten und »nähmlich« mit h. Das ist so gewollt von oben her, die Lehrer dürfen das nicht anstreichen, selbst wenn sich denen selber die Fingernägel hochrollen. Und dann werden sie noch frech! Ich habe es selber gehört:

Frau Schlode hat von so einem Bengel, der schief gesungen hat, zu hören gekriegt: »Diskutieren Sie nicht mit mir. Heute glauben Sie, Sie hätten recht, aber in ein paar Jahren bezahle ich Ihre Rente, also stellen Sie sich lieber gut mit mir!« Eine Frechheit, finden Se nicht? Na, aber da hat die Schlode Kontra gegeben: »Junge, wie die Dinge stehen, zahle ich in ein paar Jahren deine Stütze!«, hat sie ihm entgegnet, und da war er stille. Es kommt nicht oft vor, dass ich auf der Seite von Frau Schlode bin, aber da habe ich ihr zugenickt. Nur ein bisschen, wissen Se, ich darf nicht zu freundlich zu ihr sein, sonst rückt sie gleich wieder mit dem Chor an und singt ein Ständchen auf die Freundschaft.

Sicher, es gibt auch schwierige Worte, wo man ja auch selber immer überlegen muss, wie sie richtig geschrieben werden. Rhythmus zum Beispiel oder Rhabarber. Da schreibe ich die »h« auch immer ganz vorsichtig und gucke, ob das wohl gut aussieht. Aber wenn ich dann mit Jens-Jemie Hausaufgaben mache und in der Geschichtsaufgabe lese, dass während der Französischen Revolution die Königin Marie-Antoinette mit der Gelatine hingerichtet wurde, na, dann muss selbst ich erst mal schlucken. Da habe ich Ilse dazugeholt an dem Nachmittag, da brauchte es eine pädagogische Fachkraft. Ilse hatte gut zu tun und musste mit den Grundlagen anfangen. Sie griff sich das Heft und las vor: »Fische legen Leichen ab. Mit denen vermehren sie sich dann.« Ilse zog den Mund ganz spitz und setzte wortlos die Brille ab. Dann gab es ein lautes Donnerwetter.

Die Kinder heutzutage sind ja nicht nur unwissend, sondern sie wissen etwas offensichtlich Falsches und behaupten dann Stein und Bein, dass das richtig sei. Da färbt die Gesellschaft schon auf die Kinder ab, glauben Se, was ich Ihnen sage. Wenn so ein Kind erst mal im Kopp hat, dass IKEA die Hauptstadt von Schweden ist, dann können Sie es im Atlas und im Lexikon zeigen, sie glauben es einfach nicht, sondern behaupten, die Bücher wären veraltet.

Wie sagt der Jemie-Dieter immer? »Die Drei ist die Eins des kleinen Mannes.« Das mag ein lustiger Spruch sein, aber ich finde, man darf das nicht so durchgehen lassen. Man sollte sich nie mit dem Erreichten zufriedengeben, sondern muss immer versuchen, Neues dazuzulernen. Stillstand ist Rückschritt! Überlegen Se mal, wenn ich vor ein paar Jahren gesagt hätte: »Ach, ich bin jetzt über achtzig, was brauche ich denn ein Händi?« Was hätte ich verpasst! Ich kann heute gar nicht mehr ohne! Nee, man muss immer am Ball bleiben, dazulernen und offen für Neues sein. Sonst wird man eine olle Tante und bleibt außen vor. Meinen Se, ich wüsste, dass das Wassertreten von Dienstag auf Mittwoch verschoben wird, hätte ich kein Händitelefon? So kann Fräulein Tanja mich ruckzuck anrufen, wenn sich was ändert, oder sie schreibt eine kleine Nachricht. Nee, man muss das Gehirn genauso trainieren wie den Beckenboden und die Knie. Nachrichten gucken ist genauso wichtig wie Sitzgymnastik mit der Kardio-Gruppe, und mit einer Drei in der Schule darf man nicht zufrieden sein. Nichts ist gefährlicher als Müßiggang. Sonst wird aus Wissen Halbwissen, und das ist nur ein hübscherer Begriff für Dummheit. Das nützt auch nichts, wenn es mit einem netten Lächeln vorgetragen wird. Ilse hat das ihr ganzes langes Lehrerinnenleben hindurch immer durchschaut und nur auf die Fakten geachtet. Die hat der kleinen Beate schon vor vierzig Jahren gesagt: »Beate, dein Lächeln war gut und dein Augenaufschlag reizend, aber die Antwort ist falsch.« Na ja. Heute wischt Beate den Schweiß von der Bräunungsbank im »Sun-Fun«.

Man darf mit den Kindern aber auch nicht zu hart ins Gericht gehen. Was die heute alles für einen Quatsch lernen müssen und was sie für lange Anreisewege und Schleppereien mit Turnbeuteln und Bastelkram haben! Wie die Packesel drängen die sich in den Bus. Bei manchen Schulfächern fragt man sich in der Tat, ob die sein müssen. Die gibt es nur, weil sonst zwischen Mathe und Deutsch eine Freistunde wäre oder weil sie einen Quereinstiegslehrer haben, den man nicht anderweitig einsetzen kann. Dann müssen sie eben klatschen und tanzen, was auch wichtig ist, aber eben in Maßen. Rechnen und richtig schreiben geht doch wohl vor!

Für Norbert war das hier draußen natürlich wie im Hundehimmel, er konnte endlich mal nach Herzenslust toben und sich ausjachtern. Der war glücklich und fand es großartig, sich auf dem Rasen zu suhlen und »Köter« sein zu dürfen. In der Stadt ist es schwierig mit einem Hund, das darf man bei aller Liebe, die Gertrud dem Tier angedeihen lässt, nicht vergessen. Eine Stunde Gassi mit einer lieben, aber gemütlichen Oma lastet einen jungen Hund, in dem die Kräfte und Säfte der Männlichkeit wallen, doch nicht aus! Gertrud oder eines der Nachbarskinder geht wirklich regelmäßig mit ihm, aber was kriegt er in der Stadt schon groß zu sehen? Er schnuppert an den Reifen geparkter Autos und markiert gelangweilt jede zweite Linde, an jede darf er nicht, weil sonst Frau Meiser schimpft. Im Park muss er an der Leine bleiben, weil er nicht hört und zu dumm zum Apportieren ist. Letzten Advent hat Gertrud es mit ihm geübt, aber statt des Balls hat er insgesamt sechs Herrenbrieftaschen gebracht, das war Gertrud nicht ganz geheuer, und sie ist nach Hause gegangen. Auf dem Heimweg war sie noch bei Karstadt, Schürzen kaufen. Bis zum Hundeplatz ist es ein Weg von einer Stunde mit dem Bus. Die meisten Busfahrer nehmen Gertrud und Norbert aber nicht mehr mit, weil der Hund das Fahren nicht gut verträgt und ... na ja. Gertrud hat es aber immer weggewischt!

Wenn sie zu mir auf Besuch kommt, gucken auch alle streng. »Flohtaxi«, hat die Frau Meiser Norbert nachgerufen. Eine Frechheit. Man kann über den Hund sagen, was man will, er ist nicht der Hellste und etwas ungestüm, aber er ist ein reinliches Tier und sehr gepflegt. Gertrud putzt ihm immer die Pfötchen ab, wenn er vom

Gassi reinkommt, im Winter sogar mit feuchtwarmem Lappen, damit ihn das Streusalz nicht reizt und auch, damit er nicht den Teppich versaut. Sie duscht ihn jede Woche und schamponiert ihn mit Fellaufbauspülung. Ein ganz ein Hübscher ist das, der Norbert. Neulich habe ich beim Friseur in einer bunten Zeitung gelesen, dass die Amerikaner mittlerweile 60 Millionen Dollar im Jahr ausgeben, um ihre Haustiere vom Schönheitsdoktor operieren zu lassen. Die spinnen, die Amis, das wissen wir ja. Ich mische mich in nichts ein, was Gertrud mit Norbert macht, aber der Hund wird nicht geliftet! Am Ende kriegt der noch die Lippen aufgespritzt wie die Frau Thomalla mit ihrem Schlauchbootmund, also wirklich. Nee!

Nee, das war sehr unfein, »Flohtaxi« zum Hund zu sagen. Norbert hat natürlich ein Flohhalsband, was bald auf 20 Euro kommt alle paar Monate, weil Norbert nämlich doppelte Länge braucht bei seiner Größe. Das war wirklich sehr ungerecht von der Frau Meiser, und ich musste mit Engelszungen auf Gertrud einreden, dass sie keinen Büstenhalter von der Leine mopst und den Hund darauf abrichtet. Es wäre nicht nur sehr, sehr bösartig gewesen, sondern auch völliger Quatsch. Was hat man denn davon, wenn der Hund auf Lenor Sommerfrische anspringt? Wenn, dann müsste man an die Dreckwäsche ... Außerdem ist der Hund zu dusselig dazu. Hier im Garten war Norbert wie gesagt sehr glücklich, und er fand sogar eine Spielgefährtin, nämlich die hinkende Dalmatinerin von Elisabeth.

Die hüppelte die ganze Zeit durch die Laubenkolonie, aber wir lernten sie erst richtig kennen in der Woche, als unsere Kohlrabi erntereif wurden.

Wenn was reif ist im Garten, dann ja überall in der ganzen Sparte. Da denkt man am Anfang: »Ach, von den Kohlrabi kann ich den Nachbarn noch was geben«, aber wenn sie so weit sind, haben die natürlich auch mehr als genug. Genauso ist es mit Gurken, Tomaten und Zuckini. Nur bei Kirschen, da sind alle geizig und geben die nicht weg. Die nascht jeder gern!

Das Schöne in so einer Gartengemeinschaft ist der Zusammenhalt. Sicher, es gibt den einen oder anderen Streit, wenn das Radiogedudel oder der Rasenmäher mal zu laut ist. Drüben im Veilchenweg hatten sich zwei Nachbarn sogar gegenseitig vor den Kadi gezerrt. Die prozessierten darum, dass einer die Katze des anderen fütterte. Dadurch war das Katerle wohl so fett geworden, dass es gesundheitlich bedenklich war, und der Richter hat angeordnet, dass es nicht mehr sein darf. Nun redeten sie nicht mehr miteinander und filmten sich ständig gegenseitig im Beet, wenn einer dachte, dass der andere was verkehrt machte. Also, wäre ich der Habicht, würde ich da ja eingreifen und einen auf eine andere Parzelle setzen. Das ist wie bei den Kindern in der Schule, manche vertragen sich einfach nicht, und dann muss man da auch dazwischengehen. So was drückt doch auf Dauer die Stimmung in der ganzen Kolonie! Die Chemie muss schon halbwegs stimmen, auch wenn heute meist biologisch gegärtnert wird. Im Großen und Ganzen verstanden sich jedoch alle und hielten zusammen. Man leiht sich auch schon mal einen Reihenzieher und gibt was vom Gemüse ab. Wobei ich nach dem, was ich erfahren habe, bei Letzterem nicht mehr sicher bin, ob es reine Freundlichkeit ist oder ob das Grünzeug einfach wegmuss.

Wissen Se, die Natur ist launisch. Entweder es wächst was mickrig in einem Jahr, oder es sprießt und gedeiht im Überfluss. Bei Gurken ist es fast immer so, dass es entweder viele knackige Einleger gibt, aber keinen Dill, den man unbedingt dazu braucht, oder es ist umgekehrt. Und wenn es keinen Dill gibt, dann nirgends, in keinem Garten! Da brauchen Se dann gar nicht fragen beim Nachbarn, es gibt als Antwort nur: »Das bisschen, was bei mir aufgegangen ist, brauche ich selber.« Wenn aber was wächst, als würde es dafür bezahlt, dann sind sie großzügig, die Kleingärtner. Meist rollt die erste Hilfsbereitschaftswelle an, wenn die Kohlrabi ernterief werden. Damit kann man auch prima angeben. Die meisten prahlen gern mit ihren großen Kohlrabi und zeigen sogar beim Fäßbock Bilder davon rum, mit dem Zollstock auf dem Foto, damit auch ja jeder sieht, wie üppig sie sind. Jeder Nachbar kriegt dann welche aufgedrängelt. Das Problem ist eben nur, dass die überall zur gleichen Zeit so weit sind, dass sie aus dem Beet müssen, und es eine regelrechte Schwemme an Kohlrabi gibt. Man kann aber auch nicht Nein sagen, wenn man Gemüse angeboten kriegt. Das gehört sich einfach nicht. Das habe ich Gertrud gleich eingeschärft, nachdem sie Elisabeth mit ihrem Korb weggeschickt hat und die mich danach zwei Tage lang nicht mehr grüßte. So was macht man einfach nicht! Von Stund an haben wir immer lächelnd und dankend angenommen, was die Kolonisten aus dem ganzen Abendfrieden uns brachten. Wissen Se, wir fuhren ja abends nach Hause in die Stadt und hatten so den Vorteil, dass wir ein paar Körbe von dem Zeug aus dem Schenkungskreislauf rausschleusen konnten. Die meisten wohnten ja über den Sommer in ihren Lauben und hatten keine Chance, ihr Gemüse anders loszuwerden, außer es zu essen. Ich bin nun wirklich keine, die mäkelt, aber Kohlrabi ist ein Gemüse, das doch recht beschränkt zu verwerten ist. Ich koche die ersten, die es im Jahr gibt, als Eintopf. Das ist ganz was Feines und immer sehr lecker. Man kann den Frühling schmecken, die Kraft der Sonne und das Erdige von Mutter Natur.

Aber eben auch den Kohl.

Die Dinger haben den Namen nicht umsonst. Kohlrabi schmecken nach Kohl, und den muss man mögen. Im Eintopf mag ich ihn, und ich mache dann noch ein zweites Mal eine Art Rösti aus geschnetzeltem Gemüse, und ich esse ihn auch ein drittes Mal gedünstet als Beilage, jawoll, aber dann ist es auch gut. Man muss es nicht übertreiben, wissen Se, ich will auch nicht, dass mir noch ein Hasenschwänzchen wächst. Außerdem verdaut man als älterer Mensch anders, und rohes Gemüse – besonders alles, was in Richtung Kohl geht – wird da zum hörbaren Problem. Da muss man aufpassen.

Aber ich nahm ein paar Körbe der geschenkten Kohlrabi mit in die Stadt und gab gern und reichlich den Nachbarn im Haus und auch der Ariane. Die Kinder schrapten die Dinger roh, und auch Stefan bekam das Zeug in die Brotbüchse mit zur Arbeit.

Auf dem Höhepunkt der Kohlrabiwelle jagte ich sogar welche durch den Häcksler und versteckte das Geraspelte unter dem Rasenschnitt auf dem Kompost. Ich erzähle Ihnen das im Vertrauen, ich möchte nicht, dass die Gärtner das erfahren. Vielleicht wären sie in ihren Gefühlen verletzt. Aber ich wusste mir wirklich keine

Hilfe mehr, nachdem auch Frau Berber und Frau Meiser nicht mal mehr die Tür aufmachten, wenn ich abends klopfte und Gemüse abgeben wollte. Auf dem Balkon konnte ich hören, dass die Meisersche auch ... also, dass ich nicht die Einzige war, bei der Kohlrabi auf die Verdauung geht. Da musste man auch Verständnis haben, dass sie keinen mehr wollte.

Nach der Kohlrabiflut war erst mal Ruhe. Erdbeeren verschenkt kaum einer, nur die alten Brösickes, die sich nicht mehr so gut bücken können, gaben überhaupt welche her. Sie ließen verlautbaren, dass sie für 5 Euro das Kilo zum Selberpflücken welche abgeben. Das war recht teuer, finde ich, aber sie argumentierten mit Bio.

Wer nun aber dachte, nach der überstandenen Kohlrabiplage wäre das Schlimmste ausgestanden, der hatte sich getäuscht und wurde eines Besseren belehrt, als die Zuckini reif wurden.

Die Dinger säen die meisten Gärtner im zeitigen Frühjahr auf der Fensterbank aus und päppeln die Pflänzchen dann mit Liebe auf. Jeder weiß im Grunde, dass man nur eine Zuckinipflanze braucht, um halb Berlin satt zu kriegen, so reichlich tragen die. Trotzdem sät natürlich niemand nur ein Korn davon aus. Korn ... Entschuldigen Se. Bei dem Wort kriege ich gerade Appetit. Ich muss mir mal einen kleinen genehmigen, es geht gleich weiter.

Brrrr!

Der war eiskalt, aber der tut gut.

So schreibt es sich gleich viel besser.

Wo war ich? Ach, bei den Zuckini. Tja, keiner sät nur ein Zuckini-Samenkorn aus, sondern jeder steckt alles, was im Tütchen ist, in die Erde. Na, und wenn sie alle aufgegangen sind, freut man sich und denkt sich: »Ach, die schenke ich dem Nachbarn, wer weiß, ob bei ihm die Saat gekeimt hat.« Sobald sie in kleine Töpfchen gepflanzt wurden, geht die erste Tauschrunde los. Meist stellt sich raus, dass jeder Gärtner so ein Glück mit dem Keimen hatte, aber keiner bringt es übers Herz, die Seuche im Entstehen zu stoppen und das Zeug einfach wegzuschmeißen. Stattdessen heißt es: »Ewald, die Elisabeth hat Zuckini gebracht … ich habe sie erst mal neben den Kompost gestellt.« Und flüsternd weiter: »Wenn wir sie nicht gießen, gehen sie ja vielleicht ein.«

Pah, Pustekuchen! Den Gefallen tun die Dinger einem nicht. Stattdessen wuchern sie los, wachsen aus dem Topf und krallen sich mit ihren Wurzeln in den Komposthaufen. Ehe man sichs versieht, ist der Haufen grün bedeckt. Das wird dann auch wieder schöngeredet mit Sätzen wie »Dann dörrt die Sonne den Kompost nicht so aus, das ist gar nicht so verkehrt«. Schon bald zeigen sich Blüten. Die meisten Sorten sind ja heute so gezüchtet, dass sie sich selbst befruchten, und dann nimmt das Unheil seinen Lauf. Wenn die ersten kleinen, zarten Früchte geerntet werden können, ist die Freude groß, und überall gibt es mit Hackfleisch gefüllte Zuckini. Das ist wirklich was Feines. Die Zuckini schmecken nach nichts und stören nicht groß. Kaum ist die Mahlzeit verdrückt und die Pfanne abgewaschen, kann man aber schon die nächsten ernten, die wachsen bei feuchtwarmem Wetter so schnell, dass man zugucken kann. Das ist eine Tatsache! Dann stellt sich die Frage, was man als Nächstes daraus kocht. Wie schon gesagt, sie schmecken nach nichts, und man kann sie überall beimischen – man kann es aber auch lassen. So kleine Puffer zum Beispiel munden ganz prima, wenn man sie aus Kartoffeln zubereitet und die Zuckini einfach weglässt. Es ist nicht einfach, aus dem Gemüse etwas Sinnvolles zu machen. Ariane hat sogar versucht, Marmelade daraus zu kochen. Das ist sehr löblich, wissen Se, ich bremse das Mädel nicht, wenn es sich hausfraulich betätigt. Aber mir war gleich klar, dass der Aufstrich nur nach Zitrone schmecken würde, die sie beigegeben hat. Die Kohlrabi-Ernte ist auf jeden Fall nur ein warmer Aufgalopp gegen das, was passiert, wenn die Zuckini reif werden. Gleich körbeweise schleppten sich alle Nachbarn das Zeug gegenseitig in die Parzellen! Ich war eine der beliebtesten Gärtnerinnen in der ganzen Kolonie, weil ich gern und reichlich abnahm. Jeden Tag hievte ich meine fahrbare Einkaufstasche – einen Rentner-Mercedes, kennen Se das? – in den Bus. Kurt nahm das Zeug gerne ab und verfütterte es an die Karnickel, und die kleineren, festen Zuckini wickelte ich in ein feuchtes Tuch und schickte sie Kirsten ins Sauerland. Die haben da auch genug zu essen, ich weiß, aber eine Mutter kümmert sich doch gern. Und wo Kirsten doch kein Fleisch isst, sind meine Möglichkeiten beschränkt, das Kind zu beschenken. Sie war glücklich und schickte mir etliche Male Fotos von Pampe, die sie mit ihrem Thermosmixer aus dem Gemüse zubereitet hatte.

Unsere Zuckinipflanzen bekamen wir von Frau Fettel geschenkt. Wie ich schon sagte, sie ist eine merkwürdige, aber herzensgute Frau. Man muss ja nicht mit jedem unbedingt so dicke sein, man kann sich einfach gut verstehen und nett grüßen. Das reicht doch auch, so auf die Nachbarschaft. Ich will die gar nicht hier auf der Hollywoodschaukel sitzen haben! Die Fettel hatte die Sämlinge auf der Fensterbank gezogen und versorgte seit Jahren die ganze Siedlung damit. Wie gesagt, man braucht da nur eine Pflanze, wenn die richtig gepflegt und gegossen wird, trägt die zentnerweise. »Herr Herbst hat mir ja nie welche abgenommen, weder eine Pflanze noch Früchte«, beklagte sich Frau Fettel gerade und lächelte dabei flehend, sodass man das Gefühl bekam, man täte ihr einen Gefallen, wenn man sie um ein Töpfchen erleichterte.

»Ruhe! Kommst du her!«, brüllte die Elisabeth auf einmal in unser Gespräch rein, und Gertrud zuckte schon wieder zusammen. »Sie ist läufig, da muss man aufpassen. Wo ist denn Ihr ...?« Elisabeth kam zu uns in den Garten gelaufen und stolperte dabei fast über ihr Wallekleid. Sie raffte den Rock vorne hoch beim Rennen.

Bei dem Wort »läufig« wurde Gertrud hellwach und brüllte wie eine Furie nach Norbert. Wissen Se, er ist ein ungestümer, kräftiger junger Rüde im besten Alter. Wenn den jemand mit einer läufigen Hündin zusammenlässt, kann man für nichts garantieren. Das liegt in der Natur, da kann man dem Tier keine Vorwürfe machen.

Ja, ob Norbert und Ruhe nun was gemacht haben, wussten wir zunächst nicht, aber so vergnügt, wie die beiden spielten, musste man es vermuten. Norbert zeigte sich nicht gerade von seiner besten Seite und führte der Dalmatinerin vor, wie man versucht, sich in den Schwanz zu beißen. Er tobte wie ein Dussel im Kreis, dass es staubte. Sollte das Fräulein Ruhe ihn zur ... also, sollte sie ihn beigelassen haben, sprach das nicht für sie. Frau von Schlehdorn verabschiedete sich eilig, und Norbert schnupperte noch mal zufrieden an Ruhes Po.

Um die sechzig Tage sind Hunde tragend, das sind zwei Monate. Die Schlehdornsche brachte die Zuckinipflanze Ende April, und Ende Mai stand sie leichenblass in der Tür. Gertrud zuckte da schon nicht mehr, wenn sie »Ruhe« hörte, sondern winkte freundlich zur Begrüßung. Frau von Schlehdorn machte ein ernstes Gesicht und fragte, ob uns nichts auffällt am Hund. Ich guckte, aber wissen Se, es kommt immer drauf an, welche Brille ich auf der Nase habe, die zum Weitgucken oder die zum Nahgucken wie jetzt, wo ich Radieschen für den Salat schnippelte. Ich sah nichts. Gertrud auch nicht, aber die sieht nie was.

»Der Hund ist trächtig!«, brachte die Schlehdorn vorwurfsvoll raus.

Ich bin auf dem Land groß geworden und konnte das bei der Kuh und auch beim Pferd sehen, aber da wir meist Rüden hatten, war ich mit anderen Umständen bei Hunden nicht vertraut. Jetzt, wo sie es sagte ... jawoll, man sah, dass die Ruhe ein bisschen fülliger geworden war.

»Das war der!« Elisabeths Unterlippe bebte, als sie auf Norbert zeigte. Wir guckten alle drei zu ihm rüber. Norbert legte den Kopf schief und machte »Wuff«. Der spürte genau, dass wir über ihn sprachen! Hunde haben da doch einen Instinkt.

Gertrud tat genau das Richtige: Sie hielt sich erst mal bedeckt.

»Ach, Frau von Schlehdorn ... Elisabeth. Das wissen

wir doch gar nicht. Deine Hündin ist hier tagelang läufig und ohne Höschen durch die Kolonie gestromert. Das kann jeder gewesen sein!«

»Willst du damit sagen, dass Ruhe ein Flittchen ist?«, ereiferte sich die Elisabeth so sehr, dass wir um ihr Herz fürchteten. Da muss man vorsichtig sein, wie schnell gibt es einen Infarkt! Und dann laufen Se rum mit einem Schrittmacher und sorgen sich immer, ob die Batterie auch durchhält und es keinen Kabelbrand im Gerät gibt.

Gertrud ist da ja kalt wie eine Hundeschnauze, die lässt einen Gesprächspartner einfach stehen, wenn sie keine Lust mehr aufs Parlieren hat. So machte sie es auch jetzt: »Ich könnte schwören, dass da die Torte gerufen hat«, sprach sie und machte sich von dannen Richtung Laube. Sie ließ mich mit der Wurzelbürste, den Einlegegurken und der tobenden Elisabeth einfach stehen, und dabei war es ihr Hund, nicht meiner! An Torte und Kaffeetrinken war gar nicht zu denken. So was nimmt Gertrud aber niemand übel. »Die Oma hört nicht mehr so gut und ist schon ein bisschen durcheinander«, denken die Leute, dabei ist Gertrud die Schlaue, denn sie diskutiert nicht lange rum, sondern spart ihre Zeit und geht. Zeit ist nämlich in unserem Alter etwas, von dem wir nicht mehr so viel haben, und deshalb verschwenden wir sie nicht gern mit unnützem Geschwätz. Elisabeth irritierte Gertruds Abgang so sehr, dass sie ganz aus dem Konzept kam.

Ich konnte die Schlehdornsche auch nicht verstehen. Sonst propagierte sie die freie Liebe und hatte gerade goldene Hochzeit mit einem Mann gefeiert, der mit einer anderen Frau lebte und weiß der Henker wie viele hatte, aber wegen der Hunde schlug sie ein Donnerwetter? Das passte gar nicht zu ihr. Nach einem Korn auf den Schreck tranken wir gleich noch einen zweiten auf die werdenden Elstern.

Eltern.

Sehen Se, das meine ich: Eben habe ich noch davon geschrieben, dass ich immer die richtige Brille aufsitzen haben muss, und schon ist der Fehler passiert, weil es wieder die falsche war.

Das bleibt jetzt aber so, ich tippe die Seite nicht noch mal. Das geht doch ins Geld, Papier ist teuer!

Na ja. Jedenfalls waren wir uns, nachdem Elisabeth ein bisschen an ihrer Wasserpfeife geraucht hatte, recht schnell einig, dass wir die Jungen schon unter die Leute bringen würden. Norbert war ein Prachtbursche, und auch Ruhe konnte man als hübsche Hündin bezeichnen. Das Hinken würde sich ja nicht vererben. Es würde so niedliche Hundewelpen geben, dass ich mir keine Sorgen machte, genügend liebevolle Herrchen und Frauchen für sie zu finden.

Und dann kam der Tag, an dem Gunter entlassen wurde.

Der Habicht kam gleich früh am Morgen rüber zu uns. Er würde nicht da sein können, wenn Gunter nach Hause kam. Seine Frau hatte »einen neuen Anzug kaufen« auf die Tagesordnung geschrieben. Ich war nun vollends verwirrt, wissen Se, den ganzen Sommer über lungerte der hier rum, und man musste den Eindruck haben, dass es eheseitig da eher auf Sturm steht, und plötzlich, noch dazu an einem so wichtigen Tag wie Gunters Entlassung, machte der sich aus dem Staub? Das würde der sich doch nicht ohne wirklich triftigen Grund entgehen lassen! Den wollte ich wissen und fragte ihn ganz direkt.

»Ach, Frau Bergmann«, seufzte der Herr Habicht, »das erzähle ich Ihnen ein andermal.«

»Herr Habicht. DAS sagen Sie immer! Sie winden sich raus und lassen einen mit ein paar Andeutungen zurück. Typisch Mann! Wir kennen uns nun doch schon ein bisschen, da muss man doch wohl wissen, mit wem man es zu tun hat. Am Ende sind Sie ein Axtmörder, der auf Bewährung raus ist und hier im Garten Sozialstunden ableistet, zusammen mit Ihren Rüpeln?« Ich wollte ihn ein bisschen provozieren, wissen Se, damit der mal aus sich rauskommt und berichtet, was eigentlich mit ihm los ist. Aber es zuckte nur kurz der linke Mundwinkel, dann hatte er sich wieder unter Kontrolle und sagte: »Sie können zwar alles essen, aber Sie müssen nicht alles wissen, Frau Bergmann. Seien Sie mal nicht so neugierig.«

Also wirklich. So eine Frechheit! Ich und neugierig, das ist doch wohl der Gipfel! Man muss doch wissen, mit wem man hier Umgang pflegt, das hat doch nichts mit Neugierde zu tun!

»Wenn wir uns das nächste Mal über den Weg laufen, dann erzähle ich Ihnen das. Aber nun muss ich Ballett machen, sonst komme ich zu spät, und Brigitte wird böse.«

So ein Pantoffelheld!

Aber ich hatte keine Zeit, lange zu grübeln, denn Gunter würde bald ankommen. Gertrud und ich harkten noch mal den Weg und knipsten die letzten vertrockneten Blüten aus den Dahlienbüschen. Alles sollte wunderhübsch sein, und das war es auch. Man hätte mal fotografieren sollen, wie es hier vor ein paar Wochen noch ausgesehen hatte, als wir die Prärie übernommen hatten. Der Garten war kaum wiederzuerkennen!

Mir war ja ein bisschen mulmig, wissen Se. Gunter wird des Öfteren ein bisschen ungehalten, wenn ihm was gegen den Strich geht. Ich hatte keine Ahnung, was Gertrud ihm am Telefon von unseren Umgestaltungen erzählt hatte und was nicht. Der dachte vielleicht, wir hätten einfach nur seine Buschbohnen gesprengt. Andererseits war er auch kein Dummer nicht und konnte sich bestimmt denken, dass wir, wenn wir hier schon Hand anlegen, auch das eine oder andere aufräumen würden.

Ich nahm mir auf jeden Fall vor, mich erst mal im Hintergrund zu halten. Würde Gunter einen Tobsuchtsanfall kriegen, sollte Gertrud das mal schön alleine mit ihm ausmachen. Ich war nur Handlanger, sie ist die Anverbandelte, nicht ich!

Die Krankenkasse bezahlte Gunter sogar das Taxi, denken Se mal das! Soll mal keiner meckern. Aber sie hatten sich kiebig damit, ihn zum Garten zu kutschieren. »Bis nach Hause und basta!«, hatte die Dame am Telefon gesagt und einfach aufgelegt, als Gertrud nachgefragt hatte. Im Grunde eine Frechheit. Dem Taxifahrer war das jedoch egal, den interessiert nämlich nicht, wohin er fährt, nur, dass die Kasse stimmt.

»Nur keine Angst, Gertrud. Zähne raus und Brust zusammen«, gab ich als Devise aus und merkte selber kurz danach, dass da irgendwas nicht stimmte. Ich konnte gerade noch »Halt, halt, umgekehrt!« rufen.

Gunter brauchte ein bisschen Hilfe beim Aussteigen aus dem Wagen, aber er konnte alleine gehen, ganz ohne Rollator. Gut, eine Krücke hatte er noch, aber wohl eher zur Sicherheit. Der war schon wieder prima in Form und sah auch ausgesprochen gut aus. Wissen Se, durch seine Einsiedelei wirkte der sonst oft ein bisschen wie ein Waldschrat. Aber die Pflege da hatte ihm gutgetan. Er war rasiert, das Haar war gekämmt und frisch geschnitten. Wohl zum ersten Mal in seinem Leben, ohne dass der Friseur einen Topf zu Hilfe genommen hatte. Regelrecht stattlich sah er aus, stattlich und fesch. Schnieke angezogen war er auch. Die werden seine ollen Lumpen bestimmt verbrannt und aus dem Katalog was Neues für ihn bestellt haben. Gertrud wurde ganz ... wie sagt man da? Ihre Augen leuchteten, die Wangen waren rosig. Sie strahlte wie ein junges Mädchen. Trotz all der Runzeln, dem weißen Haar und den Bonuspfunden stand ein verliebter junger Backfisch vor mir, der Gunter anhimmelte. Es war aber nichts unangenehm daran, sondern nur schön.

Gertrud steckte dem Taxler zum Dank einen Fünfer zu.

Gunter dackelte mit seiner Krücke durch den Garten. Man muss schon sagen, dass wir den prächtig umgekrempelt und zum Blühen gebracht hatten. Gunter klopfte mit der Krücke prüfend gegen das Hochbeet. »Und das hält?«, fragte er zweifelnd. »Und wie das hält!«, parierte Gertrud und hakte sich bei ihm unter. Sie gab ihm ein bisschen Halt, denn auch, wenn er es nicht zugeben wollte, war er noch etwas wackelig auf den Beinen. »Und die Bäume habt ihr verschnitten, und die Hecke!«, brachte er staunend raus. War er anfangs noch skeptisch, huschte nun ein Strahlen über sein Gesicht. »Die Tomaten ... und guck doch mal, wie der Apfelbaum vollhängt! Meine Güte, Frauensleut, hier habt ihr euch aber ins Zeug gelegt.«

Vor lauter Staunen hatte Gunter noch gar nicht gesehen, dass seine Schuppenburgen bis auf einen Gerätestand und natürlich die Laube nicht mehr da waren. Er verlor kurz die Orientierung und machte einen Schritt nach links, einen nach vorn und hakte sich bei Gertrud aus. »Wo ... wie ... aber hier ...« Ich rechnete mit einem Wutanfall, aber Gertrud machte kein langes Federlesen und sagte freiheraus: »Das brauchst du alles nicht mehr, Gunter. Den ganzen Plunder haben wir entsorgt und verkauft.«

Sein Gesicht versteinerte, und für einen Moment wusste man nicht, wohin seine Gefühle nun pendeln würden. Aber ehe sich ein Donnerwetter zusammenbrauen konnte, sprach Gertrud einfach weiter.

»Gunter, da musst du gar nicht diskutieren. Das ist besser so. Du kannst kaum noch krauchen, und denk doch mal zurück, wie es hier aussah. Renate und ich haben viel Arbeit reingesteckt, und die jungen Leute haben auch mit angepackt. Guck mal rüber, wie die sich freuen!«

Nebenan auf Parzelle 9b war gerade die Kindergartentruppe angerückt. Die Kleinen bestaunten mit großen Augen zwei Karnickel, die Kurt in ein kleines Streichelgehege gesetzt hatte, und lernten, welche Gemüse die Tiere gern fraßen. Ich guckte zur Uhr und hoffte, dass wir hier bald wegkamen. Wissen Se, Frau Schlode lässt den Kindergarten zum Dank gern »Häschen in der Grube« singen, und da mussten wir nun wirklich nicht dabei sein. Sie waren aber noch beim Streicheln, und es drohte kein Chorgesang. Lange würde es allerdings nicht mehr dauern, sie hatte in Spandau schon rumgefragt, wer ihr weiße Pudel ausleihen würde, und ich hörte sie auch schon »Dreißig Meter im Quadrat, Blumenkohl und Kopfsalat« summen. Das hatte sich alles ganz wunderbar entwickelt nebenan. Nicht nur Frau Schlode war Feuer und Flamme, auch Günter Habicht war kaum wiederzuerkennen, sobald er den Kleinen das Insektenhotel zeigte und sie verschiedene Blätter, Obst- und Gemüsesorten raten ließ. Manchmal machte er sogar ein Lagerfeuer an, und sie buken Stockbrot, natürlich nur, wenn die Waldbrandwarnstufe es zuließ.

»Nun guck dir die Pracht hier im Garten an, Gunter«,

fuhr Gertrud fort, um ihn ein bisschen abzulenken. »Und hier, es ist doch gar nicht alles weg. Deinen Blattläuseverscheucher haben wir dir gelassen!«, fuhr sie fort und hakte sich bei Gunter unter.

»Na, das will ich euch aber auch geraten haben!«, sagte er und guckte mich mahnend an. Der ahnte offenbar, dass ich die Kiste mit lauter dünnen Drähten am liebsten in den Container geschmissen hätte. »Das funktioniert! Wartet mal, ich zeige es euch.« Gunter machte sich von Gertrud frei und friemelte ein bisschen am Kästchen, in dem die Stromdrähte zusammenliefen, rum. Immerhin bekam keiner einen Schlag, das war schon was. »Der Apparat stößt Schwingungen aus, die die Blattläuse nicht abkönnen. Das ist wie bei Wühlmäusen. Aber Blattläuse sind auf einer anderen Frequenz empfindlich und reißen sofort die Hufe hoch, wenn ich das hier einschalte«, sprach Gunter mit der Hand an einem kleinen Hebel. Es passierte nichts, außer dass ein Lämpchen orange aufleuchtete und Norbert wie verrückt das Kläffen anfing. Der Hund ging uns regelrecht durch, er sprang im Kreis und versuchte wieder, seinen eigenen Schwanz zu schnappen. Norbert hat das bis heute nicht begriffen, dass er da nicht gewinnt, aber was will man machen. Er bellte und sprang, Gertrud kriegte ihn gar nicht wieder beruhigt. Wir hatten aber gar keine Zeit, uns zu wundern, denn durch die nur angelehnte Gartenpforte kamen nun auch eine Promenadenmischung vom Veilchenweg und die hochschwangere Dalmatinerdame von Elisabeth angehechelt und bellten wie die Verrückten! Wir waren alle perplex und wurden gar nicht so schnell gewahr, was uns geschah. Die Hunde kläfften und tobten, es gab kein Halten mehr! Gunter schaltete geistesgegenwärtig seine Blattlausmaschine aus und murmelte: »Ich muss wegen der Frequenz noch mal gucken. Es ist wohl zu dichte bei ›Hundepfeife‹.«

»Die Gartenkommission hat uns sogar ausgezeichnet und mit dem zweiten Platz bedacht.« Ich beeilte mich, den Pokal zu suchen und Gunter zu zeigen. Ich hatte einen großen Strauß Gladiolen mit viel Schleierkraut reingestellt, so ging es, und man merkte nicht auf den ersten Blick, dass er wie eine Urne aussah.

»Zweiter Platz!«, brummelte Gunter, aber es war ein leises, weiches, fast liebevolles Grummeln. »Für mich bist du die Nummer eins!«, sagte er nach einer kleinen Pause und nahm Gertruds Hand.

Wir hatten ja damit gerechnet, aber machte der olle Knötter Gertrud nun wirklich einen Heiratsantrag? Auch wenn es in der Luft gelegen hatte, es ist ja doch ein bewegender Moment, wenn es so weit ist. Gertrud stieß einen kehligen Kiekser aus.

Gunter ließ ihre Hand los und stapfte mit seiner Krücke Richtung Laube.

»Wo habt ihr mir denn meine Farbtöpfe hingeräumt? Die habt ihr doch nicht weggeschmissen, die waren noch gut! Wehe, ihr habt mir meine Farbe weggeschmissen!«, polterte er. Ich ging ihm nach und holte aus dem alten Vertigo das samtverschlagene Schächtelchen mit dem Ring heraus, das wir hinter der Tischwäsche versteckt hatten. Ja, lachen Se nicht, das war eine Sicherheitsmaßnahme, falls Einbrecher kommen! Gunter atmete erleichtert durch, ging damit zurück zu Gertrud und machte Anstalten, sich hinzuknien. Da musste ich bei aller Romantik nun doch einschreiten, wissen Se, der Mann war frisch an der Bandscheibe operiert, dass der hier auf die Knie ging, konnte ich nicht zulassen. Den würden wir in drei kalten Wintern nicht wieder auf die Füße kriegen.

Gertrud hatte ganz glänzende Augen und hielt sich die Hände gefaltet vor die Nase. Gunter ließ ab vom Versuch, auf die Knie zu gehen, klappte das Schächtelchen auf und hielt Gertrud den Ring ein bisschen zu dicht vor die Nase. »Eine neue Brille hätten sie ihm machen sollen, da im Kurheim«, dachte ich. Bei mir war damals einer zum Ausmessen der Augen da.

»Was meinste, Pottersche, wollen wir uns zusammentun?«, brachte Gunter trocken hervor.

Man hat vielleicht schon romantischere Heiratsanträge gehört, früher in den Hochzeitssendungen mit Rudi Carrell, mit dem Schanze und der Holländerin. Aber wenn man Gunter Herbst kennt, kann man das als »gefühlvoll« durchgehen lassen.

Gertrud guckte nachdenklich, und ich hatte einen Moment lang den Eindruck, sie würde zögern. Dabei hatten wir es doch alles besprochen? Sicher, so was will gut überlegt sein, aber von wegen »Kommt Zeit, kommt Rat«. Das Einzige, was kommt, sind die Zweifel. Deshalb wollte ich Gertrud am liebsten zurufen: »Nicht zögern, machen!«

Aber ich musste sie gar nicht schubsen.

»Ach, du oller Knötter!«, schluchzte Gertrud. »Ja, das wollen wir!« Sie drückte ihm mit gespitzten Lippen ein verstohlenes Küsschen auf die Lippen. Ich schaute natürlich diskret weg, aber ich hörte es schmatzen.

Bei aller Romantik dachte ich doch auch kurz an Gertruds Witwenrente. Sie ahnte wohl meine Gedanken und nahm mich auf die Seite. »Renate, mach dir mal keine Sorgen. Wir kommen schon zurecht. Weißt du noch, neulich, als ich mal alleine sein wollte? Da hatte ich einen Termin bei der Rentenkasse und habe mir alles durchrechnen lassen. Gunters Rente, meine Rente ... es kommt unterm Strich aufs Gleiche raus.« Ach, da war ich doch erleichtert und konnte mich nun noch mehr mitfreuen.

»Aber das Rumpoussieren mit anderen Herren musst du dir in Zukunft verkneifen, wenn du verheiratet bist, Gertrud!«, gab ich ihr noch mahnend mit auf den Weg. Sie lachte aber bloß und zwinkerte mir mit dem linken Auge zu. Ich ahnte schon, sie würde auch weiterhin reihenweise andere Verehrer ermuntern, ihr den Hof zu machen. Gunter ist fast taub und kriegt auch sonst nicht mehr alles mit, dem ist es egal. Wenn der seine Wäsche gemacht bekommt und eine warme Mahlzeit pro Tag, ist er zufrieden und schnurrt wie mein Katerle, wenn ich ihm das Futter mit dem Thunfisch drin gebe.

Als Gunter sagte: »Wir machen aber kein großes Getöse. Standesamt, Mittagbrot im Ratskeller und fertig«, hielt ich erst mal den Mund. Das war jetzt nicht der Moment, mich einzumischen und meine Pläne auszubreiten. Die Ideen schossen mir sofort in den Kopf. Ich sah das schon alles vor mir: Wir würden eine prächtige Hochzeit feiern! »Zusammentun«, pah! Na, den beiden würde ich schon noch auf die Sprünge helfen und erzählen, was sich da gehört. Immerhin hatten sie mit der Verlobung so lange gewartet, bis Gunter wieder zu Hause war. Es hatte sich ja in den letzten Wochen schon angedeutet, dass das Thema aufs Tapet kommen würde, und ich hatte schon Angst, sie würden das brüllend am Telefon erledigen. Vielleicht noch so wie Tante Immi damals, die Schwester meiner Mutter. Im Krieg seinerzeit waren Ferntrauungen erlaubt, wenn der Bräutigam an der Front war. Der wurde während der Trauzeremonie durch einen Stahlhelm ersetzt. Tante Immi war vier Jahre lang mit einer Pickelhaube verheiratet, bis Onkel Albert aus der Gefangenschaft kam. Sie war mit der Pickelhaube glücklicher gewesen als dann mit Onkel Albert.

Wissen Se, wenn man im hohen Alter noch mal jemanden findet, der zu einem passt, das ist so ein großes Geschenk, das gehört auch gebührend gefeiert, und zwar nicht mit einem gesetzten Essen im kleinen Kreis, sondern mit einem Paukenschlag. Die kleine Runde im Ratskeller haben wir auf unseren Beerdigungen noch früh genug! Nee, eine Hochzeit wird gefeiert mit Kutsche, langem Kleid und Blaskapelle, und meinetwegen sollte auch die Schlode mit dem Kindergarten singen. Das würde sich ja doch nicht vermeiden lassen, die kriegt eh alles raus. Ach, ich sah das schon vor mir: Ilse würde Gertrud ein angemessen prächtiges Kleid schneidern, das sowohl ihrem Teint als auch ihrer Figur schmeichelt, und im Frühling gäbe es ein schönes Fest mit allen Freunden und Verwandten. Als beste Freundin würde ich es mir nicht nehmen lassen, Gertrud zum Altar zu führen und ihrem Gunter zu übergeben. Und vielleicht würden Norberts Welpen auch nach der Mutter, diesem Dalmatinerflittchen, schlagen und ein bisschen Hirn haben, vielleicht könnte eins der Hundejungen ein Körbchen mit den Ringen tragen ... ach, ich sah es schon alles genau vor mir!

Aber erst mal war der Herbst gekommen. Also, Gunter. Gunter Herbst war wieder nach Hause gekommen. Der Herbst, der nach dem Sommer kommt, der stand auch vor der Tür, der würde nun den Garten in wunderschönste Farben tauchen. Die Abende wurden allmählich frischer, und es wurde schon zeitig duster. Was hatten wir für einen schönen Sommer gehabt, aber nun – nun war sie fertig, die Laube!

Des Campers Fluch ist Regen und Besuch!

„Wissen Se, Urlaubszeit ist doch die schönste Zeit! Ich hör Sie schon sagen: Frau Bergmann, Sie als Rentnerin haben doch immer Urlaub!, aber das ist Unsinn: Wenn man sich wirklich erholen will, muss man mal raus." Renate Bergmann packt die Badehose, die Grillzange und das Handy ein und geht campen. Freuen Sie sich auf Renates Abenteuer mit Kurt und Ilse und dem miesepetrigen Platzwart Günter Habicht!

Renate Bergmann
Ans Vorzelt kommen Geranien dran
Die Online-Omi geht campen

Taschenbuch
Auch als E-Book erhältlich
www.ullstein.de

Das bisschen Quarantäne!

„Es sind verrückte Zeiten, finden Se nicht? Keiner darf aus dem Haus. Den Geburtstagskaffee im Rentnerverein haben wir auch abgesagt. Mit anderthalb Metern Abstand macht die Polonaise ja keinen Spaß."
Gut, dass Renate Bergmann sich mit dem Onlein so gut auskennt. Über Skeip kann sie trotz Kontaktverbot mit den Enkeln fernsehtelefonieren. Und weil sie damals nach dem Krieg schon erfinderisch sein musste, hat sie eine Menge Tipps auf Lager: Welche Vorräte brauche ich wirklich? Kann man Hefe auch selbst herstellen? Und wie beschäftige ich Kinder und Ehemänner sinnvoll?

Renate Bergmann

Dann bleiben wir eben zu Hause!
Mit der Online-Omi durch die Krise

Unterhaltung
Hardcover
Auch als E-Book erhältlich
www.ullstein.de

ullstein